Ich mag den weltoffenen Skorpion

Ich mag den weltoffenen Skorpion

Heiter-Besinnliches
über einen
unverwechselbaren
Menschen

Scherz

Zusammengestellt von
Hedwig Rottensteiner

Scherz Verlag, Bern, München, Wien
Alle Rechte an der Auswahl vorbehalten
Das Copyright der einzelnen Texte liegt bei den
im Quellennachweis genannten Inhabern.
Schutzumschlag mit Titelvignetten
von Tilman Michalski

Inhalt

Ergründer der Wahrheit 7

Sein Geheimnis in der Liebe 14
Zum Unbekannten vordringen

Die dunklen Seiten 17
Oft nimmt das Mißtrauen überhand

Kleines Psychogramm 20
Der Skorpion ist offen und ehrlich

Abschied von der Jugend – Wallace Stegner 22

Zauberformel Liebe 36

Lucy Grange – Doris Lessing 41

Auf der Elektrischen – Ludwig Thoma 50

Traumpartner der Liebe 54
Der Skorpion-Mann ist der geborene Verführer
Die Skorpion-Frau sehnt sich nach Romantik

Die Dame aus der Morgenzeitung – Jo Hanns Rösler   65

Das Luftbad – Katherine Mansfield   69

Sinnlichkeit im Zeichen des Skorpions   74
Die Skorpion-Frau – eine Femme fatale
Die animalische Anziehungskraft des Skorpion-Mannes

So fängt man's an   81
Ungeteilte Aufmerksamkeit ist entscheidend

Frühe Liebe – Valerij Brjussow   84

Beruf als echte Berufung   93

Das liebe Geld   95
Ein Mittel zur Macht

Der Chef mit dem eingeschworenen Team   97

Zielstrebig und erfinderisch ist der Skorpion-Angestellte
103

Ein Wintertag – Eyvind Johnson   109

Quellennachweis   125

Ergründer der Wahrheit

Der Skorpion ist zweifellos das verwirrendste und vielleicht auch am wenigsten verstandene aller Tierkreiszeichen. Die Skorpione selbst tragen wenig zur Lösung des Rätsels bei, weil es ihnen gefällt, sich rätselhaft und geheimnisvoll zu geben, sobald sie sich in irgendeiner Situation unsicher fühlen und erst die Strömungen erforschen müssen.

Als Wasserzeichen ist der Skorpion sehr stark mit der Gefühlswelt verbunden. Ungeachtet seiner üblichen guten Tarnung – und der Skorpion kann sich besser tarnen als jedes andere Zeichen – hat er tiefe Gefühle, ist sehr sensitiv und wird leicht von den emotionellen Strömungen in ihm und um ihn beeinflußt. Seine Antennen für die Gefühle anderer sind sehr ausgeprägt. Er ist leicht verletzlich, aber sympathisch und mitfühlend, oft unendlich einsam und von einem geradezu gierigen Verlangen nach Beziehungen getrieben. Das Etikett des Einzelgängers wird ihm zu Unrecht angehängt. Seinem Wesen nach ist der Skorpion kein Einzelgänger, sondern genau das Gegenteil. Er sehnt sich nach einer wirklich tiefen, sehr engen Bindung, ist aber sehr wählerisch darin, wen er in seine Psyche einläßt, weil er so ungeheuer feinfühlig reagiert. Außerdem traut er den Menschen allgemein nicht so recht über den Weg.

Der Skorpion würde dieses Mißtrauen «realistische Vorsicht» nennen. Wie alle Wasserzeichen macht sich auch der Skorpion keine Illusionen darüber, daß nicht alles Gold ist, was glänzt. Er erfaßt mit einer Art sechstem Sinn, was andere, oft ohne es selber zu wissen, gern verbergen möchten. Dadurch wird natürlich alles noch viel komplizierter. Denn es ist ein ziemlich beunruhigendes Gefühl, wenn ein anderer mehr über einen weiß als man selbst. Von der frühen Kindheit an durchschaut der Skorpion jede Heuchelei und jeden Schwindel. Er nimmt Strömungen instinktiv auf, ist aber häufig nicht in der Lage, diese Wahrnehmungen auch zu formulieren. Er reagiert einfach ganz spontan von innen heraus auf Menschen. Und man kann sicher sein, daß er recht hat, wenn er irgendwo Schwefel riecht. Der Ärger ist nur, daß er fast überall Schwefel riecht.

Das liegt daran, daß der Skorpion eins der beunruhigendsten Geheimnisse der menschlichen Natur kennt: die dunkle Seite, die jeder Mensch in sich hat. Der Skorpion kann sich keine romantischen Illusionen leisten, weil er zu genau weiß, daß der Mensch bei allem Edelmut und aller Größe immer noch ein Tier ist, und zwar kein besonders angenehmes. Prinzipien sind was Feines, aber das Leben richtet sich nicht danach. Kein Wunder, daß der Skorpion oft sehr zynisch wirkt. Aber wie sollte er anders sein, wo er ständig unfreiwillig den häßlichen Anblick von jedermanns und der eigenen schmutzigen Wäsche aufgedrängt bekommt?

Eins der größten Lebensprobleme des Skorpions ist, daß er Toleranz lernen muß. Mitgefühl besitzt er ausreichend, obwohl er, wenn es nötig ist, rücksichtslos sein wird. Im Gegensatz zu seinen Fische- und Krebs-Gefährten läßt er sich sehr wenig von einer traurigen Geschichte rühren, wenn der Erzähler keinen Versuch gemacht hat, sich erst mal selbst zu helfen. Denn trotz allen Mitgefühls ist der Skorpion gegen Schwäche unduldsam. Auf Leiden reagiert er, und bei Schmerzen und Einsamkeit ist er voll tiefen Mitleids. Viele Skorpione wählen helfende Berufe. Sie werden Ärzte oder Psychologen, eben weil sie die Schmerzen anderer mitleiden und denen beistehen wollen, die in ihrer eigenen Dunkelheit gefangen sind. Aber Faulheit und Schwäche kann der Skorpion nicht ertragen. Er hat die Einstellung, daß man an jeder Schwierigkeit etwas ändern und aus jedem Leben etwas machen kann, wenn man nur will. Wenn er am Ende seines Lebens steht, hat er meist das Geheimnis entdeckt, wie er dieses Prinzip auf sich selbst anwenden kann. Warum sollen andere es also nicht auch fertigbringen? Ihm entgeht, daß Menschen verschieden sind und nicht jeder seine Fähigkeit zu rücksichtsloser Selbstdisziplin besitzt. Und auch die Lebenswege der Menschen sind verschieden. Der berühmte luziferische Stolz des Skorpions hindert ihn an der Erkenntnis, daß es manchmal nötig, ja sogar mutig ist, nachzugeben.

Es fällt dem Skorpion überaus schwer, die Selbstbeherrschung preiszugeben. Es kann sich dabei um das Unterdrücken spontaner Gefühlsäußerungen handeln, aber auch um die Beherrschung anderer Menschen gehen oder gar des Lebens selbst. Und das wird bei den engen Beziehungen des Skorpions zu einem Problem. Dann findet man den Manipulator, der die Marionetten tanzen läßt, um die Welt in Ordnung zu halten.

Die Mixtur von Einsicht und ungeheurer Feinfühligkeit, wildem Stolz, Entschlossenheit, sich einen eigenen Pfad durchs Leben zu schlagen, und generellem Mißtrauen gegen die Beweggründe anderer ergibt nicht gerade das, was man als einen «umgänglichen» Menschen bezeichnen könnte. Manchmal kommt dabei ein faszinierendes, brodelndes Elixier heraus, das schwer zu verkraften ist. Manchmal aber entsteht aus der Mischung ein Paranoiker, wie er im Buch steht.

Häufig wird gesagt, wegen seiner großen Willenskraft, Geduld, Beständigkeit und Einsicht könne der Skorpion alles erreichen, was er sich in den Kopf gesetzt habe. Generell stimmt das. Wenn er einmal den Entschluß zu etwas gefaßt hat, ist er nur schwer zu schlagen. Als emotionales Zeichen hat der Skorpion zu allem, was er tut, eine gefühlsmäßige Beziehung. Ob es darum geht, der Führer einer Nation zu werden, oder nur darum, eine Glühbirne auszuwechseln, wenn es ihn interessiert, geht er nichts lauwarm an. Herz und Seele und Körper sind beteiligt. Wenn man mit seinen Gefühlen wirklich an etwas hängt, muß man eben alle Talente und Kräfte einsetzen. Mit dieser Einstellung kann man mühelos Berge versetzen. Sein Scharfblick ermöglicht es dem Skorpion, Hindernissen auszuweichen und all die zu überspielen oder, falls nötig, niederzuknüppeln, die sich ihm in den Weg stellen, ehe überhaupt jemand merkt, daß es zu einer Auseinandersetzung kommen könnte.

Mit großer Selbstbeherrschung kann dieses fixierte Zeichen unter Umständen Jahre warten, bis es sein Ziel erreicht, und übersieht dabei nichts und vergißt nichts. Ein bemerkenswertes Erfolgsrezept!

Dabei ist es normalerweise gar nicht der Erfolg, der den

Skorpion motiviert. Es gibt Skorpione, die in ihrem Gefühlsleben frustriert sind und darum absolute Macht anstreben. Doch ist dies eine pathologische Ausdrucksform des Zeichens. Jeder Mensch, der lange genug gequält wird, sucht nach Macht, um kompensieren zu können. Der wirkliche Schlüssel zu der großen Entschlossenheit des Skorpions, etwas aus sich zu machen, liegt tief in seiner eigenen geheimnisvollen Seele. Sein Herz ist ein Schlachtfeld, denn die maskulinen und femininen Elemente in ihm bekriegen sich ständig und zwingen ihn, tiefer in seine Beweggründe einzutauchen, als es unsere extravertierte Gesellschaft für gesund hält. Er hat die ganze feminine Sensitivität der Wasserzeichen, wird aber von *Mars*, dem Gott des Krieges, und *Pluto*, dem Herrscher der Unterwelt, regiert. Immer wieder wurde dem Skorpion vorgeworfen, daß seine grüblerische Selbstbeobachtung neurotisch oder egoistisch sei. Er selbst aber sieht das anders. Und damit hat er vermutlich recht, zumindest, soweit es um seinen eigenen Weg geht. Für ihn ist es kein neurotisches Grübeln, sondern der Versuch, die Wahrheit über sich und das Leben zu entdecken. An der Oberfläche zu bleiben, empfindet der Skorpion als beleidigend. Oberflächlichkeit verabscheut er fast ebensosehr wie Charakterschwäche. Er muß verstehen, warum er so fühlt, wie er fühlt, und so handelt, wie er handelt, und warum andere anders handeln und anders fühlen. Er taucht in Tiefen, vor denen alle anderen Zeichen ängstlich ans Ufer zurückweichen würden, und erforscht sie. Der Skorpion muß sich selbst verstehen können und mit den widersprüchlichen Kräften seiner Natur, die ihm keinen Frieden geben, wenigstens einen Waffenstillstand schließen.

Jeder Skorpion trägt irgendeine Wunde, ein Problem,

einen Konflikt oder eine Enttäuschung mit sich herum, die nicht heilen, sosehr er sich auch darum bemüht. Meistens ist es ein selbstgeschaffenes Problem. Er hat einfach den Hang, Krisen heraufzubeschwören und dann dramatisch gegen den Feind anzukämpfen. Der Skorpion hat eine ausgeprägte theatralische Ader, und sie ist das Geheimnis seiner Tendenz zur Selbstzerstörung. Darum verletzt er sich selbst und stachelt sich mit etwas auf, das er nicht überwinden kann. Das spornt ihn an, in seinem Inneren etwas zu vollbringen, das ihm am Ende viel wichtiger ist als alle äußeren Errungenschaften.

Der Skorpion würde sich eher selbst zerstören oder mit eigener Hand in Brand setzen – buchstäblich wie psychologisch –, als sich dem Ultimatum oder der Herrschaft eines anderen zu unterwerfen. Wenn der Skorpion aber einmal sein Haupt neigt, dann hat er auch eine der wichtigsten Lehren in seinem Leben gelernt. Viel eher aber wird er dieses Neigen des Hauptes nur vorspielen und später hochkarätig heimzahlen. Meistens wird er sich am Ende nur dem unterwerfen, was er als seine Gottheit begreift. Und dieses rätselvolle Wesen hat überaus merkwürdige Gottheiten.

Ein Skorpion, der apathisch und nach außen hin unterwürfig scheint, ist innerlich mit Sicherheit von wütendem Groll und von Eifersucht zerfressen. Sehr oft weiß er das selbst nicht. Unterdrückte skorpionische Wut ist etwas sehr, sehr Unangenehmes. Jeder Skorpion hat jedoch den Mut, sich dem zu stellen, was in ihm ist, und es umzuwandeln.

Der Skorpion weiß um die Saat des Guten und des Bösen, die alle Menschen in sich tragen. Das Böse ist nichts

Abstraktes oder die Schuld eines anderen; es ist in jedem vorhanden. Menschliche Brutalität kann nicht der Gesellschaft zur Last gelegt werden, sondern letztlich immer nur dem einzelnen Menschen.

Sein Geheimnis in der Liebe

Zum Unbekannten vordringen

In der Öffentlichkeit ist der Skorpion unerhört fähig, die ihm anvertrauten Pflichten eines Organisators auszuführen. Auf persönlicher Ebene bereitet ihm die Entdeckung Sorge, vor dem tiefen Geheimnis seiner eigenen Existenz zu stehen. Woher kam er? – Wohin geht er? – Warum ist er hier? Der Skorpion muß den Schleier des Lebens lüften, ohne Rücksicht auf den möglicherweise zu zahlenden Preis, um seinen ruhelosen Geist zu besänftigen, der sich von der alleinigen Beschäftigung mit irdischen Dingen gelöst hat. Und so ruft er aus: «Ich verlange!»

Es gibt viel, was die Skorpion-Seele weiß, aber doch mehr, was sie fühlt und was noch nicht bestimmt werden kann. Der Einfluß des Skorpions bringt ein brennendes Verlangen mit sich, in das Unbekannte einzudringen; dieses Verlangen ist so brennend, daß es Verstand und Seele zerstören würde, bekäme er es nicht mit kühler Vernunft in den Griff. Erfahrungen haben den Skorpion vorsichtig gemacht, denen gegenüber seine Meinung kundzutun, die sie auf keinen Fall teilen werden. Jede erlittene Niederlage stärkt im Skorpion die innere Überzeugung, daß die erste Loyalität nur seiner eigenen persönlichen Integrität gelten darf. Der Skorpion spürt, wenn sein Selbst verloren ist, ist alles verloren.

Die Liebe ist etwas, das vom Skorpion erforscht werden muß, mit einer Intensität, die den anderen Sonnenzeichen unbekannt ist. Obwohl der Skorpion der Liebe nur traut, nachdem sie bewiesen hat, daß sie dieses Vertrauen auch wert ist, ist seine Treue, wenn er sich einmal jemandem verschrieben hat, standhaft und ewig. Da er den heftigen Wunsch hat, sich selbst und die, die er liebt, vor Schmerzen zu schützen, sieht er sich gezwungen, die Forderung «Auge um Auge, Zahn um Zahn» zu stellen als Versicherung, daß Verletzungen nicht mehr vorkommen werden. Durch den sanften Einfluß des beherrschenden Planeten Pluto erhöht die Erfahrung des Todes in der Skorpion-Seele das Verlangen, noch tiefer in das Wissen einzudringen, das im Unterbewußtsein begraben liegt. Während der Geist des Skorpions sich trotz der Schwerkraft wie ein Adler aufwärts schwingt, verstärken sich die weltlichen Verlangen und Leidenschaften und treiben ihn dazu, seinen Wert in Frage zu stellen. Überempfindlich, doch fähig, diese Sensibilität zu kaschieren, lernt der Skorpion die erstaunliche Macht seines eigenen Verstandes kennen und gebraucht ihn im geheimen, aus Furcht, die anderen würden lernen, die gleiche Art von Macht über ihn auszuüben.

Die positiven Eigenschaften des Skorpions sind Treue, Willenskraft, Anziehungskraft, Freundlichkeit, Scharfblick und eine überraschende Selbstkontrolle. In der negativen Form kommen sie zum Ausdruck als Unbarmherzigkeit, Fanatismus, Rachgier, Argwohn und Selbsthaß.

Für den Skorpion-Menschen bedeutet Liebe eine verzehrende Flamme, die jedes Opfer wert ist – und er muß deren Herausforderung überwinden. Er strebt verzweifelt danach, die physischen und geistigen Schwingungen der Liebe in einer eigenartigen Mischung von Erotik und Reinheit zu vereinen. Doch die Befriedigung des Verlangens hinterläßt in der Skorpion-Seele das Sehnen nach etwas, das jenseits liegt.

Die dunklen Seiten

Oft nimmt das Mißtrauen überhand

Was läßt sich über die Schattenseite des Skorpions sagen, der doch die dunkle Seite seines Wesens selbst sehr genau kennt? Er ist ein Wasserzeichen: voller Gefühl und subjektiv in der Art, wie er sich dem Leben und den Menschen stellt. Er hat den Mut, sich vielen Dingen zu stellen, aber meistens gehören sie auf die Gefühlsebene. Was er weniger gut erträgt, ist die Konfrontation mit dem Ausmaß, in dem seine Reaktionen von seinen Meinungen beherrscht werden. Wasserzeichen neigen zur Voreingenommenheit, weil sie sich häufig der eigenen Denkprozesse nicht bewußt sind. Subjektiv angelegt und mit ihren eigenen Wertvorstellungen befaßt, ist es schwer für sie, die Dinge klar, fair und aus der Vogelschau zu sehen. Davon ist der Skorpion ganz besonders betroffen. Seine Anschauungen über das Leben und die Menschen können fanatisch sein. Und dieser Fanatismus kann ihn am falschen Ort und zur falschen Zeit dazu bringen, aus Voreingenommenheit oder aus einer verzerrten Beurteilung heraus sehr unerfreuliche Handlungen zu begehen.

Er kann dadurch Ehe, Liebesbeziehung und Familie zerstören. Es genügt nicht, den Skorpion einfach als eifersüchtiges Zeichen abzustempeln. Es gibt viele Arten der Eifersucht. Alle Wasserzeichen sind besitzgierig. Sie brauchen enge Bindungen und fürchten das Alleinsein. Aber die pathologische Eifersucht des Skorpions ist nicht nur die Angst, einen geliebten Menschen zu verlieren. Bei ihm wird unter der Oberfläche dann eine ziemlich bittere Lebensanschauung sichtbar, ein finsterer Glaube an die fundamentale Schlechtigkeit eines jeden Menschen. Die Schattenseite des Skorpions ist sein in starre Meinungen gezwängter Negativismus, der unter der Oberfläche lauert und ihn oft ausgerechnet in den Augenblicken quält, in denen er am glücklichsten sein sollte.

Es braucht lange, bis der Skorpion zu vertrauen und zu vergeben lernt. Meistens hat er Mißtrauen schon in jungen Jahren gelernt, hat die dunklen Schatten hinter seinen Eltern, hinter der religiösen Lehre und hinter seiner Erziehung gesehen.

In seinen klassischen psychologischen Mustern ist nicht das Nachtragen oder die Rachsucht das eigentliche Problem. Schlecht beim Skorpion ist, daß er den anderen praktisch keine Chance gibt. Seine Meinung steht schon fest, ist vorfabriziert wie eine Fertigmahlzeit, wird geäußert und dem Beleidiger angehängt, gleichgültig, ob sie stimmt oder nicht und manchmal ohne daß der Skorpion die Fakten überhaupt kennt.

Wasserzeichen halten nicht viel von Tatsachen. Die verwirren sie, denn den Wasserzeichen geht es um das Gefühl und nicht um das, was wirklich geschehen ist. Die Schattenseite des Skorpions ignoriert den Standpunkt des anderen völlig.

Damit zu leben ist schwer. Spuren davon findet man nicht nur bei Einzelmenschen. Der Skorpion ist ein Zeichen großer Macht – im Guten und im Bösen. Kein Skorpion, wie unscheinbar er äußerlich auch wirken mag, ist ohne Einfluß auf die Menschen seiner engsten Umgebung.

Kleines Psychogramm

Der Skorpion ist offen und ehrlich

Die Skorpion-Geborenen sind kraftvolle, ernsthafte und entschlossene Persönlichkeiten. Gewöhnliche Unterhaltung langweilt sie, und sie tolerieren sie nur, wenn sie müssen. Läßt sich der Skorpion auf ein Gespräch ein, dann hört er lieber zu, anstatt selbst zu reden. Er fühlt sich auf Partys fehl am Platze, wenn man über unwichtige Dinge oberflächlich daherredet, eben «small talk» macht. Sagt der Skorpion seine Meinung, dann tut er es klar, scharf umrissen und deutlich, mit einer Menge emotioneller Intensität und Kraft dahinter. Die Kraft, die er in seine Worte legt, seine Energie und Überzeugungskraft, machen ihn zu einem mitreißenden, wenn nicht gar hypnotisch wirkenden Redner.

Seine Beliebtheit in der Gesellschaft beruht nicht so sehr auf geschliffener und witziger Konversation als auf einem mysteriösen Magnetismus, der von ihm ausgeht. Tiefschürfende Gespräche liebt er. Das heißt, Gespräche über Themen, die ihm wesentlich erscheinen – dazu gehören Sex, Geburt, Tod und okkulte Geheimnisse. Angeberische Leute mag er nicht, und er neigt dazu, das offen zu zeigen.

Der Skorpion-Geborene ist im Gespräch zu ernsthaft

und sollte sich deshalb um etwas mehr Humor bemühen. Man kann nicht sein Leben lang ausschließlich tiefschürfende Gespräche führen. Der Skorpion muß die verdeckte Glut seines Temperaments zügeln, vor allem wenn jemand etwas sagt, das ihm nicht paßt. Er muß lernen, lachend darüber hinwegzugehen.

Ernsthaft, tiefschürfend und direkt, so liebt der Skorpion das Gespräch. Immer schön bei der Hauptsache bleiben und Unwichtiges wie die Pest meiden. Offen und ehrlich sollte man seine Meinung äußern. Diplomatisches Drumherumreden und unklare Ausdrucksweise irritieren den Skorpion-Geborenen. Seinen eigenen Standpunkt sollte der Gesprächspartner kräftig und deutlich vertreten. Dabei darf er aber nicht überziehen oder gar versuchen, sich mit Heftigkeit durchzusetzen. Dem Skorpion muß man zeigen, daß es einem egal ist, ob er unsere Meinung anerkennt oder nicht. «Hier ist, was ich vorzutragen habe. Dafür habe ich diese und diese Gründe – du kannst sie akzeptieren oder nicht, das ist mir gleich.»
Der Skorpion-Geborene mag ein offenes, ehrliches Wort, selbst wenn es verletzt. Er hat keinen Respekt vor Leuten, die sich nicht trauen, ihre Meinung zu sagen. Anbiederungsversuche mag er nicht. Man sollte nicht um die Zuneigung des Skorpions werben, sondern um seinen Respekt. Im Gespräch aus gesellschaftlichem Anlaß rede man klar, vor allem aber ernsthaft mit ihm. Angeber mag er nicht.

WALLACE STEGNER

Abschied von der Jugend

Die Tennisschläger schickten ihre warmen Sommernachmittagslaute «ping, ping» durch die Luft, als Mr. Hart durch das Gitter hereinkam. Er blieb stehen und betrachtete sich die Anlagen, das rote Dach des Hotels, die graziösen Fächer der Kokospalmen über der weißen Mauer. Jenseits der Mauer stufte sich die Korallenklippe zum Strand hinab, und jenseits des Sandes strahlte das unglaublich pfauenfarbene Wasser des Golfes.

Februar: Es war kaum zu glauben, mit dieser Sonne, der braunen Haut der Badenden zwischen den Palmen, dem Ping der Schläger. Mit dieser Üppigkeit von Hibiskus, Bougainvilleas und nachtblühendem Jasmin. Hart drehte sich in den Schultern, weil ihn der erste Sonnenbrand, den er sich am Nachmittag vorher geholt hatte, juckte, und es erschien ihm beinahe nicht faßbar, daß es so viele Leute gab, für die dieses Sommerparadies im Februar etwas ganz Alltägliches war.

Die Laute des Tennis begleiteten ihn an den Krocketplätzen vorbei und um eine Ecke des Spielplatzes herum, wo die scharlachroten Bougainvilleas wie Wasserfälle herniederströmten. Ein junges Mädchen spielte mit dem Tennislehrer, und jenseits des Tennisplatzes ruhten in

Liegestühlen zwei von den drei Gästen, denen Mr. Hart bis jetzt begegnet war. Schön, schön, daß es die beiden jungen Männer waren und nicht der unmögliche Engländer, der sich beim Frühstück an ihn herangemacht hatte. Er ging quer über den Platz zu ihnen.

Die jungen Männer auf den Stühlen, der eine sehr blond, der andere mit eindrucksvollem Profil, rührten sich nicht. Sie lagen in ihren Badeanzügen träge ausgestreckt, und als Mr. Hart fragte: «Haben Sie die andern Stühle belegt?», sahen sie gleichgültig auf wie zwei mahagonifarbene Halbgötter. Der Blonde nahm sein Badetuch von einem Stuhl, und Mr. Hart setzte sich mit einem Seufzer.

«Ein herrlicher Ort!» sagte er.

Der Blonde – er hieß Thomas, wie Mr. Hart sich erinnerte – wandte den Kopf. Er schien ein netter Junge zu sein.

«Gefällt es Ihnen?» fragte er.

Mr. Hart hob die Hände in die Höhe. «Es ist unglaublich! Ich hatte keine Ahnung davon – bin noch nie hier unten gewesen. Selbst die Fischerboote, die abends heimkommen, sind ein Erlebnis. Haben Sie einmal zu fischen versucht?»

«Ein- oder zweimal», sagte Thomas. Er legte sich wieder in seinen Stuhl zurück. Mr. Hart suchte ein Päckchen Zigaretten hervor und bot sie über Thomas' Bronzeleib hinweg an. Der Dunkle, Tenney, schüttelte den Kopf, ohne danke zu sagen, aber Thomas nahm eine. «Ich habe daran gedacht, ob ich mich nicht vielleicht einmal einer Fischergruppe anschließen könnte», sagte Mr. Hart. «Dieses Wasser fasziniert mich, das Wasser und diese spaßigen kleinen Mangroveninseln. Ich habe mein ganzes Leben über Mangroven gelesen – nie eine gesehen. Jetzt finde ich, daß es überhaupt keine Inseln sind, keine Spur Erde zwischen ihnen, nur auf dem Ozean treibende Baumknäuel.»

«Ja», sagte Thomas. Er streckte sich mit seiner Zigarette zwischen den Lippen im Stuhl. Träge, wie bei einer Eidechse, schoben sich seine Lider über die Augen; nur ein schmaler Spalt ließ die Sonne durch. Tenney schien zu schlafen.

«Ich fürchte, ich habe Sie in Ihrem Mittagsschläfchen gestört», sagte Hart. «Aber ich kann mich noch gar nicht über diesen Ort beruhigen! Doch jetzt werde ich still sein.»

«O bitte», sagte Thomas, und Mr. Hart legte sich zurück und sah dem Tennis zu. Er wollte sich den jungen Leuten keineswegs aufdrängen. Übrigens mußte er zugeben, daß er da ein gutes Tennisspiel sah. Indessen war es östliches Tennis, wie es Leute spielen, die es zur gesellschaftlichen Vervollkommnung gelernt haben. Eigentlich fühlte er sich darüber erhaben. Er hatte es in einer anderen Schule gelernt: auf harten Stadtplätzen, mit verbrauchten Bällen, und dennoch wußte er, daß er drei von vier dieser mechanischen Wunderleute schlagen könnte.

Sein Blick fiel auf Tenneys Füße, große, nackte Füße, gebogen wie die Füße einer Merkur-Statue und braun wie gebeiztes Holz, die Lederzungen der Sandalen waren zwischen dem großen und zweiten Zeh durchgezogen. Es waren arrogante Füße, fand er. Der Junge sah aus wie ein Lord, daran war nicht zu zweifeln. Es war etwas Bewunderungswürdiges in der Art, wie er und sein Kamerad faulenzten. Das hier war ihr angeborenes Erbrecht, und ihre Arroganz war nur die einfache Annahme, daß es so das Natürliche und Richtige war.

Der blonde Jüngling wandte sich um, und Mr. Hart nickte gegen den Tennisplatz hin. «Das Mädel spielt gut.»

«Eine von den Tennissüchtigen. Sie spielt vierundzwanzig Stunden am Tag Tennis.»

«So etwas macht Spaß», sagte Mr. Hart. «Ich sehe es gern, wenn die Leute vollkommen aufgehen in dem, was sie interessiert. Ich erinnere mich an die Zeit, wo es mir mit Tennis ebenso ging.»

«Oh», sagte Thomas. «Sie spielen auch Tennis?» Mr. Hart zuckte die Achseln. «Früher einmal; in gewissem Sinne. Habe nicht mehr viel gespielt, seit ich die Universität verlassen habe, mal hier und da ein Spiel.»

«Welche Universität?»

«Ich bin im Westen groß geworden», sagte Mr. Hart. «Ich besuchte eine Akademie meiner Heimat.»

Tenney beugte sich zu ihnen hin. «Ich unterbreche Sie nicht gern», sagte er, «aber sehen Sie mal, was da auf uns loskommt.»

Er wies mit dem Daumen. Der unmögliche kleine Engländer kam, in einem rosa Polohemd, auf federnden Fußsohlen den Pfad aus dem Cocktailgarten entlang.

«Oh, mein Gott!» sagte Hart.

Beide sahen ihn an. «Hat er sich Ihrer auch angenommen?» fragte Tenney. Er sah nicht mehr verärgert, sondern spöttisch belustigt aus.

«Eine volle Stunde, beim Frühstück», sagte Hart. «Warum können solche Leute nicht nach Miami gehen, wo sie hingehören. Vielleicht sollten wir fortlaufen.»

Sie lächelten ihr entspanntes, träges Lächeln. «Liegenbleiben und es aushalten», sagte Thomas. «Das ist das schmerzloseste Verfahren.»

Mr. Hart glitt in seinen Stuhl zurück und entspannte seine Muskeln zu jener Gleichgültigkeit, mit der der Eindringling empfangen werden mußte. «Was für ein Aufschneider!» sagte er. «Sie müssen wissen, daß er von allen Seiten mit Bitten bombardiert wird, ein Drama für Cornell zu schreiben! Mein Gott!»

Er verstummte plötzlich. Einen Augenblick danach erklang eine britische Stimme – eine sehr gewöhnliche britische Stimme, wie Mr. Hart dachte –, genau über ihm. «Ah», sagte sie, «ein kleines Sonnenbad?»

«Hallo», sagte Thomas ziemlich freundlich. Tenney blickte auf und nickte. Dasselbe tat Mr. Hart. Es war ein kühler Empfang, aber nicht kühl genug, dachte Mr. Hart, für die dicke Haut dieses Rhinozerosses.

«Ein erstklassiger Tag dazu», sagte der Engländer. Er setzte sich hin, zog seine Pfeife heraus, und während er dem Tennisspiel zusah, stopfte er sie und steckte sie an. Seine Finger spielten mit dem abgebrannten Streichholz.

«Sie spielt nicht schlecht», sagte er im Konversationston, «nur schade, daß sie keine bessere Rückhand hat.»

Mr. Hart sah ihn kalt an. «Was ist denn falsch an ihrer Rückhand?» sagte er.

«Nicht genug Fahrt», sagte der Engländer. «Und sie schlägt zu sehr nach oben.»

Tenney sagte, grunzend aus tiefer Brust: «Man müßte ihr das mitteilen.»

Der Engländer nahm die Pfeife aus dem Mund. «Eh?»

«Sie sollten sie darüber belehren», sagte Mr. Hart.

Als Antwort bekam er nur ein Grinsen und Kopfschütteln: «Nicht vor diesem Tennislehrer, wissen Sie», sagte er. «Diese Burschen denken, daß sie alles wissen.»

Mr. Hart kreuzte ungeduldig seine Beine. «Das klingt,

als ob Sie ein Fachmann wären», sagte er mit einem ganz leisen Anhauch von Geringschätzung. Es war genau der richtige Ton, zweideutig und ohne beleidigend zu sein. Früher oder später würde jeder, der in diesem Ton angeredet wurde, sich fragen müssen, ob er erwünscht sei.

«Ein bißchen kenne ich mich aus», sagte der Engländer. Er zeigte mit der Pfeife zum Platz hinüber und sprach recht laut. «Beobachten Sie auch mal ihre Vorhand. Sie reißt ihren Schläger viel zu sehr im rechten Winkel zu ihrem Handgelenk hoch.»

Sein Kopf schwang vor und zurück, im Takt mit einem schnellen Angriffsspiel. «Genau wie der Lehrer», gackerte er, «ganz genau wie der Lehrer, der Herr behüte mich, man sehe ihn doch nur an!»

«Der Ball», sagte Mr. Hart, «scheint mir ziemlich schnell hin und her zu gehen.»

«Ping, pong», sagte der Engländer. «Jeder, der ihn wirklich träfe, anstatt bloß so auf ihn loszudreschen, hätte ihn schon längst ausgeschlagen.»

Tenney lag auf seinem Rücken und starrte in den Himmel, wo ein Falke in die Höhe stieg und dann in größter Geschwindigkeit auf seinen dunklen, gebogenen Flügeln abstrich.

Tenney ist selbst wie ein Falke, dachte Mr. Hart, schwarz und für die Schnelligkeit gemacht mit seinem Merkur-Fuß und seiner Arroganz. Er ist gemacht, um kleine Schwimmfüßler wie die Möwen oder wie diesen Engländer zu überrennen und ihnen ihren Fisch wegzunehmen. Aber er tut nichts weiter als in den Himmel starren und einen Fuß über dem Fußbrett zu schaukeln.

Thomas, eigentlich der Gesprächigere, schien zu schlafen. Mr. Hart war irritiert. Es war so nett, so ruhig und so freundlich gewesen, ehe dieser Terrier mit seinem Gekläff dazwischengekommen war.

«... was ich in Amerika vermisse», sagte der Engländer, «ist, daß man nie ein gutes Spiel spielen kann. Jeder Schüler in unseren öffentlichen Schulen spielt ganz selbstverständlich ein gutes Spiel. Hier scheint es niemand zu tun.»

In Mr. Hart reifte langsam eine Idee. Sie könnte allerdings wie ein Bumerang auf ihn zurückprallen – aber er glaubte es eigentlich nicht. Und er wurde immer aufgebrachter. Dieser da wollte angefleht sein, ein Drama für Cornell zu schreiben? Du lieber Himmel! Wollte gebeten worden sein, Artikel für die Britannica zu verfassen? Gutes Herrgöttchen! Den wollte Addington für seine Anthologie haben! Der, ein Eton-Junge! Und auch noch eine Tennisgröße!

«Es ist so schwer hier, einmal zu einem Spiel zu kommen», sagte Hart. «Wenn ich nicht fürchtete, daß mein Niveau zu tief wäre, würde ich ein Spiel vorschlagen.»

«Ja», sagte der Engländer entgegenkommend, «das sollten wir einmal machen.»

«Wie wäre es mit heute, jetzt?»

Tenney fing leise an zu pfeifen. Mr. Hart nahm es für eine Aufmunterung. Es hieß soviel wie: weiter so, geben Sie ihm eins auf den Kopf.

«Dies Wetter wird vielleicht nicht anhalten, selbst hier nicht», sagte Mr. Hart. «Etwas Bewegung würde uns guttun. Das heißt, wenn Sie auf mein Niveau herabsteigen würden?»

«Aber, herabsteigen», sagte der Engländer, «keineswegs.»

«Also machen wir ein Spielchen. Der Platz wird gleich frei sein.»

Der Engländer klopfte seine Pfeife aus, sah nach dem leeren Cocktailgarten hinüber und zog die Lippen kraus. Er hatte eine dicke Nase und vorstehende Zähne. «Ich habe keinen Schläger mitgebracht», sagte er, «vielleicht...»

«Der Lehrer hat welche.»

Der Engländer stand auf. «Sehr schön», sagte er. «Ich gehe und ziehe mich um.»

Er ging mit hüpfenden Schritten auf das Hotel zu, ein lächerlicher, gedrungener kleiner Angeber, und Mr. Hart warf den beiden faulen, amüsierten Jungen einen Blick voll grimmiger Erwartung zu.

«Das Internationale Wettspiel!» sagte Tenney. «Soll ich ab und an rufen: gut geschlagen, Akademie?»

«Machen Sie mir nicht zuviel Mut», sagte Mr. Hart. «Ich fange sonst an, meine Bälle dem kleinen Stänker auf den Bauch zu verpassen.»

Der Engländer sah in seinen Shorts noch lächerlicher aus als in Polohemd und langen Hosen. Seine Muskeln waren knotig, und seine Knochen standen heraus. Mr. Hart, der voranging, war sich bewußt, daß die jungen Männer ihn von ihren Faulenzerstühlen aus beobachteten. Es war, als hätte er ihnen ein Versprechen gegeben. Als er den Kasten mit den Bällen öffnete, gab er sich selbst auch eines. Er würde jeden Schlag so spielen, als ob er dafür in Dollar bezahlt würde.

«Also los», sagte er vergnügt und schlug einen Begrüßungsball über das Netz. Die Ungeschicklichkeit, mit der der Engländer ihm entgegenlief, machte ihn sicher, daß sein Plan nicht wie ein Bumerang auf ihn selbst zurückprallen würde. Es sah aus, als ob er noch nie auf einem Tennisplatz gewesen wäre. Das hier wurde einfach Mord.

Aber es wurde ein Mord, der Mr. Hart große Freude machte. Dreiviertelstunden lang ließ er den Engländer laufen, daß dem die Zunge aus dem Halse hing, verführte ihn mit weichen Bällen, die auf dem Boden wegrollten, ließ ihn nach Bällen in die äußersten Ecken rennen, ärgerte ihn mit flachen Schlägen und foppte ihn mit dem amerikanischen Drehschlag. Er selbst spielte sorgfältig, niemals zu hart, bis es darauf ankam, einen runterzuschlagen, aber dann tat er es mit ganzer Kraft. Er segnete das Hochspiel und die verbrauchten Bälle seiner Jugend, die ihn gelehrt hatten, einen hohen Ball zu morden. Das Spiel des Engländers, wenn man es Spiel nennen wollte, gab wenig Arbeit, außer gelegentlichen sanften Schnittbällen, die geradezu baten, zurückgeschickt zu werden.

Während er fortfuhr, so seinen Gegner niederzuspielen, wuchs sein Erstaunen. Der Engländer konnte tatsächlich nichts. Warum hatte er denn dann in aller Welt so geschwatzt? Mr. Hart konnte das nicht begreifen, aber er sah die beiden Beobachter in ihren Stühlen, und sein stummes Einverständnis mit ihnen ließ ihn mit dem Mord fortfahren.

Der Engländer machte sechs Punkte beim ersten Spiel, und sein Gesicht war ziemlich gespannt, als sie das Feld wechselten. Du blutiger Protz, dachte Mr. Hart, jetzt sollst du einmal Bescheidenheit lernen. Er ging mit der ausgesprochenen Absicht auf die Service-Linie, den Engländer jetzt vollständig kaputtzumachen; der sollte überhaupt keinen Punkt mehr bekommen.

In der Mitte des Spiels standen die beiden jungen Leute auf, streckten sich und nahmen ihre Handtücher. Sie hoben grüßend ihre Hände und gingen zum Badehaus hinüber, und Mr. Hart, etwas enttäuscht, sein Publikum zu verlieren, spielte weiter, um, sobald es ging, zum Schluß zu kommen. Der Engländer faßte jetzt nach jedem Schlag an seine Schulter. Offensichtlich, dachte Mr. Hart, hat er sich einen Muskel gezerrt. Offensichtlich.

Bei fünf-love kam der Engländer ans Netz heran. «Hören Sie, würde es Ihnen etwas ausmachen? Mir scheint, meine Schulter ist nicht in Ordnung.»

Mr. Hart nahm den Ballkasten und seinen Sweater vom Boden. Gegen seinen Willen ließ er die Entschuldigung gelten. «Hat keinen Sinn, mit einem kranken Arm zu spielen», sagte er. Und indem er die Grimasse beobachtete, mit der der kleine Mann Schmerzen vortäuschte, sagte er zu seinem eigenen Erstaunen fast freundlich: «Das hat auch Ihrem Spiel geschadet. Ich konnte sehen, daß Sie nicht auf der Höhe waren.»

«Ich bin verflucht wütend», sagte der Engländer. «Ich habe Ihnen den ganzen Nachmittag verdorben. Nach den ersten paar Schlägen konnte ich nichts mehr treffen.»

«Scheußlich», sagte Mr. Hart. Und so gingen sie, indem sie sich gegenseitig bedauerten, ins Hotel zurück. Es war zu spaßig! Es war, so dachte Mr. Hart, während er sich umzog, einfach zum Totlachen. Solche Leute konnten sich selbst niemals klar ins Gesicht sehen. Keine Andeutung, keine Demütigung würde sie je in irgendeiner Hinsicht belehren. So hoffnungslos unzulänglich sie auch waren, sie konnten es einfach nicht lassen, sich fortwährend in Situationen hineinzudrängen, wo sie nicht hingehörten. Mr. Hart zuckte die Schultern. Lassen wir ihn leben. Mochte er sich zum Teufel scheren. Wenn man ihn auch nicht übersehen konnte, so konnte man ihn doch meiden.

Er bürstete seine weißen Schuhe, zog seinen Schlips zurecht und sah in den Spiegel. Nase und Stirn waren ziemlich rot. Einen Augenblick wünschte er ärgerlich, nicht immer erst rot zu werden und sich schälen zu müssen, ehe er braun wurde. Es gab etwas, um es zu verhindern – war es Tannic-acid? –, aber er vergaß es immer, bis es zu spät war. Die Leute, die regelmäßig hierherkamen, schälten sich sicher niemals.

Im Eßzimmer hoben sich die Blumen leuchtend von dem weißen Tischtuch ab, und der Schatten einer Palme fiel durch die Westfenster auf den Flur. Mr. Hart erwiderte die Verbeugung des Oberkellners und trat in die Cocktailhalle. Es war niemand drinnen außer zwei Kellnern, dem Mixer und ein paar ausgestopften Fischen. Draußen aber waren einige Tische besetzt. An einem saßen Thomas und Tenney, und während Mr. Hart zu ihnen hinüberging, merkte er, daß sie noch immer Sandalen und keine Strümpfe trugen.

Ihre arroganten Füße schienen durchaus zu Hause und keineswegs verlegen. Er überlegte sich, ob sie wohl Strümpfe beim Dinner tragen würden, und ihm kam der Gedanke, daß er vielleicht überelegant sei. Seine weiße Dinnerjacke sah vielleicht prätentiös aus.

«Also!» sagte Mr. Hart und setzte sich. «Was gibt es hier denn Gutes zu trinken?»

Tenney zuckte die Achseln. Seine bernsteinfarbigen und uninteressierten Falkenaugen waren weit weg, unten im Garten, dann sahen sie kurz Mr. Hart an: «Eisgrog?»

Mr. Hart winkte dem Kellner. Die drei saßen still, während die Gäste zu zweien und zu dreien in den Garten kamen. Die jungen Männer erwähnten das Tennisspiel nicht. Auch Mr. Hart tat es nicht. Und er vergaß auch, daß er ja zum Strand hinunter wollte, um die Segelboote einlaufen zu sehen; er vergaß es, bis eine kleine Gesellschaft, die einen blauen Schubkarren mit einem großen Fisch daherschob, herankam.

Die Gruppe bestand aus einem grauhaarigen Herrn und einer älteren blonden Dame und einem windzerzausten hübschen jungen Mädchen. Sie kamen im Triumph durch den Garten und riefen die Gäste an, um sie auf den Fisch aufmerksam zu machen. Alle schienen sie zu kennen. Alle standen auf und traten zu ihnen. Tenney und Thomas gingen hinüber mit ihren Gläsern in den Händen. Auch Mr. Hart stand auf. Er wollte sich aber nicht aufdrängen.

«Neunundfünfzig Pfund», sagte das Mädchen. «Und ich habe ihn gefangen! Ich kleines Mädchen!» Das Tempo im Garten war jetzt ein anderes, der faule Nachmittag neigte sich schon der Cocktailstunde entgegen, der Dinnerstunde, dem Abendtanz. Mr. Hart überlegte, was für ein wirklich schönes Leben es doch sein müßte, den Tag auf diese Weise hinzubringen. Die Fischergruppe schien aus netten, angenehmen Leuten zu bestehen. Und es mußte Spaß machen, so etwas wie den Segelfisch zu fangen, und schön, zu sehen, wie er aus dem pfauenfarbenen Wasser auftauchte.

«Kommt mit!» sagte das Mädchen. «Ich halte euch frei; wir wollen hierauf trinken!» Sie faßte Tenney und Thomas unter, der grauhaarige Herr hob die Griffe des Karrens hoch, und sie gingen den Garten hinauf zu einem Tisch an der Hecke.

Einen Augenblick stand Mr. Hart allein. Dann setzte er sich. Das Geplauder schlug an sein Ohr, und er hörte das klingende Lachen der Fischerin. Die langen Sonnenstrahlen des Nachmittags lagen über den Palmen und dem grünen Golfrasen. Die Kellner stellten die Sonnenschirme schräg neben die Stahlstäbe aus den Löchern und stellten die Zeltbahnen an die Hecke. Mr. Hart beobachtete sie, und seine Augen gingen von ihnen zu der Gruppe an dem Tisch bei der Hecke hinüber. Tenney und Thomas saßen vornübergebeugt da, keine Spur von Trägheit war mehr in ihnen, sie redeten angeregt.

Neben seinem Tisch sah er seinen tadellosen Boxcalfschuh. Er irritierte ihn irgendwie, und er stellte ihn so, daß er ihn nicht sehen konnte. Er merkte, daß die bronzenen Füße von Tenney und Thomas in vollem Licht waren, während sie auf ihren Stühlen schaukelten. Die Rückenflosse des toten Fisches stand über dem blauen Schubkarren wie ein dunkelviolett lackierter Fächer. Während er sie so beobachtete, griff jäh eine kühle Hand nach seinem Herzen, und er wußte, was sie bedeutete.

Der Garten war jetzt voll von jungen Leuten, alle braun gebrannt, alle selbstverständlich sorglos. Sie gehörten hierher, dachte Mr. Hart, sie gehörten in das Bild. Der ganze Garten mit den Lichtflecken, die durch die Palmen fielen, war wie ein Gemälde von Seurat. Nur er saß allein. Er war außerhalb des Bildes. Die Gläser von Thomas und Tenney hatten zwei feuchte Ringe auf der emaillierten Tischplatte hinterlassen. Sehr nachdenklich wischte Mr. Hart sie mit Daumen und Zeigefinger weg und trocknete sich dann die Finger an seinem Taschentuch ab. Als er aufschaute, sah er den Engländer, phantastisch weiß und wie ein Würmchen aussehend, in diesem Garten voll brauner Halbgötter. Er stand in der Tür in einem weißen Jackett mit Eton-Schlips und blickte von einem zum anderen.

Mr. Hart zögerte einen Augenblick. Er hörte das muntere Geplauder, das Lachen an den anderen Tischen. Er stellte sich vor: Jemand ergriffe seinen Arm und sagte:

«Komm mit. Wir wollen hierauf trinken!» Und glaubte, auf bronzenem Gesicht die Sonne zu fühlen, wenn er mit den anderen zu dem Ecktisch hinüberging . . .

Er legte seine Finger um das kalte Glas und hob es hoch. Mit der anderen Hand winkte er dem Engländer, der einsam an der Tür stand.

Zauberformel Liebe

Der Skorpion herrscht über Liebe, Tod und Nacht. Das beweist zunächst das Tier: Nach dem Hochzeitstanz verkriecht sich das Paar zum Liebesfest in eine Erdhöhle, unter dem Sand, wo das Männchen im Dunkel vom Weibchen aufgefressen wird.

Auch wenn dieser Vergleich aus dem Tierreich etwas drastisch anmutet, so ist doch nicht zu verkennen, daß die Liebe des Skorpion-Typs sich um diese Urtatsachen dreht. Der Skorpion ist für seinen Partner oft ein Geheimnis; er bedrängt ihn mit einer ihm selbst unerklärlichen Leidenschaft, und die Liebe ermöglicht es ihm, sich durch die eigene Sexualkraft zu beweisen.

Als ein Vulkan, der unterirdisch grollt, wird ihm die Liebe zur gebieterischen Kraft, die er als Besessenheit empfindet: eine Liebesleidenschaft voll heißer Glut und Wollust, vermischt mit Glück und Raserei, Küssen und Bissen, auf der Suche nach dem Absoluten, die jedoch eher einer Liebesschlacht gleicht, in der es zwangsläufig einen Sieger und einen Besiegten geben muß.

Eine so triebverfallene Liebe hat mit Vernunft nichts mehr gemein, noch nimmt sie sich in Zucht. Sie kennt weder Zaudern noch Fortschritt. Vom ersten Augenblick an ist sie vollkommen verblendet, ist sie total; sie nimmt alles vorweg. Das beginnt schon mit der spontanen Liebeswahl. Sofort und ausschließlich eignet sie sich das geliebte Wesen an und macht es alsbald zum einzigen, zum unersetzlichen Gegenstand; alles wird endgültig. Die Begegnung kann durchaus das Gepräge einer inneren und äußeren Offenbarung tragen. Als Gefangener des Auserwählten lebt der Skorpion in seiner Passion: zum Guten wie zum Bösen, auf Leben und Tod.

Mehr als jeder andere erleidet der *Skorpion-Mann* das Gesetz seines Geschlechts. Er will Mann sein, ehe er Mensch ist. Er bejaht zuerst die Werte des Männchens; seine Männlichkeit steigert die Qualitäten wie die Mängel des Männlichen seines Charakters aufs höchste.

Wenn er darum auch noch keineswegs zum entfesselten Satyr wird beim Anblick jedes weiblichen Wesens, rumort doch in seinem Blut die heimliche oder offene Begierde, die Frau zu erobern – nach Art des Kriegers, der sich unerbittlich Siegerrechte anmaßt. Seine Sinnlichkeit weckt auch in der Frau die Sinne. Nicht ohne Grund stehen Mond und Venus im Skorpion im «Fall» und im «Exil», das heißt, sie sind geschwächt. Allemal zwingt das Männlichkeitsideal dieses Mannes die Frau zu erbarmungsloser Unterwerfung.

Liebe hält ihn fest. Doch ihr Geheimnis ergründet er nie; vergeblich sucht er das Rätsel zu durchdringen. Er spürt das Heimlichste in der Frau auf; er sucht in ihr eine beinahe metaphysische Offenbarung der Liebe, den Sinn seines eigenen Geheimnisses. Liebe ist ihm ein Problem wie der Tod: gleich wenig auszuloten.

Dieser Drang nach dem ewig Weiblichen wurzelt in

seiner Gemütsbindung zur Mutter aus früher Kindheit: Ihm war sie Zauberin-Mutter, furchtbar und zugleich angebetet. Daher das zwiespältige Verhältnis zur Frau, der Projektion des Mutterbildes. Darum auch sein Hang, andere zu verletzen und Furcht einzuflößen – als Liebe. Liebe wird zum heimlichen Kampf, zum Krieg der Geschlechter.

Größte Liebe schafft am meisten Leiden, sagte Dostojewskij, der über sein Verhältnis zu Maria Dimitriewna bekannte: «Obwohl wir recht unglücklich waren, konnten wir nicht aufhören, uns zu lieben. Je unglücklicher wir waren, desto enger schlossen wir uns zusammen. Es mag seltsam klingen, doch so war es.»

Gewiß, die Liebe des Skorpions ist nicht pathologischer als die anderer Tierkreis-Typen. Doch hier kommt die «sadistisch-masochistische» Nuance häufiger vor. Fehlt sie aber, so sammelt sich im Innern trüber Schlamm an: Gewissenskonflikte, Kämpfe zwischen Sinnen und Geist, Menschen, die an ihren Schändlichkeiten noch Gefallen finden. Oder es handelt sich um Ungeliebte, die nicht zu lieben wissen.

In Ausnahmefällen prallen Liebe und Tod unverhüllt zusammen. Dies gilt etwa für Heinrich von Kleist: Nachdem seine Kusine, in die er verliebt war, das Ansinnen eines gemeinsamen Todes von sich gewiesen hatte, packte ihn die Liebe zu einem jungen Mädchen, das einwilligte, sich mit ihm zusammen den Liebestod zu geben.

Doch kein Schatten ohne Licht: Der gesunde Skorpion-Mann stellt allen diesen Wirren seine volle, starke Liebeskraft entgegen, die das unerschütterliche Herz über alle Marterpein triumphieren läßt.

Eifersucht kann ihn quälen; seine argwöhnische Natur

sondert sie wie Gift ab. Sie ist sein Mittel, sich und andern Böses anzutun. Nur schwer widersteht er der Versuchung zum Widerspruch, seiner Reizbarkeit nachzugeben und schließlich seine Liebe zu zerstören. Ehekrach, krankhafter Liebesbezeugung ist Tür und Tor geöffnet. Haß lodert auf und wird unversehens zur alles beherrschenden Kraft. Wie in einem Vipernnest, verbringen diese «Liebenden» ihr Leben in gegenseitigem Abscheu, ohne sich je trennen zu können: Jedes bedarf des andern.

Solche Fehlschläge sind freilich nur den disharmonischsten aller Skorpion-Typen beschieden. Der harmonische vermag seine irdische Leidenschaftlichkeit in geistige Erfahrung umzusetzen. Hier liegt jedenfalls sein einziger Rettungsanker. In sich selbst trägt er Tod und Erlösung.

Auch bei der *Skorpion-Frau* erweist sich das Gesetz des Geschlechts als gebieterischer Zwang. Diese feminin-erotische Frau beherrscht eine Kunst der Verführung, die zugleich betört und überfällt und die dabei ihre gefährlichen Triebgelüste sorgfältig tarnt. Unsterblicher Typ ist Carmen in der Oper von Bizet, kennzeichnend die Worte, die das Mädchen aus Sevilla dem Don José ins Gesicht schleudert: «Doch wenn ich liebe, nimm dich in acht!»

Dieser Typ der «Femme fatale» kann den Mann, der sich von seiner maskulinen Seite her angesprochen fühlt, bezaubern, behexen. Moderner Ausdruck dieses «schwarzen Engels» ist der Vamp. Man schreibt ihm narzißtische weibliche Zaubergewalt zu, die er zu grausam sadistischem Zweck auf Männerherzen ausübt.

Selbstverständlich kennen die typischen Skorpion-Frauen diesen Komplex nicht. Dennoch trachten − im übertragenen Sinne − nicht wenige unter ihnen danach,

Hand an den Mann zu legen, ihn seiner männlichen Vorrechte zu berauben und ihn auf Gnade und Ungnade sich zu unterwerfen. Einzelne erniedrigen ihn, zerstören ihn noch sicherer mit Sanftheit als mit Gewalt.

Doch auch das Spiel der Skorpion-Frau ist zwiespältig. Im Grunde ihres Herzens verlangt sie, gleichsam wider Willen, nach dem Mann, der sie beherrscht. So oder anders will sie ihre Aggressivität loswerden. Aus ihrer inneren Zwiespältigkeit heraus ist sie daher entweder aktiv: durch herrschsüchtigen Sadismus (oft unter trügerischem Schein des Gegenteils); oder sie verhält sich passiv und unterwirft sich ihrem Partner ganz.

Doris Lessing

Lucy Grange

Die Farm lag fünfzig Meilen von der nächsten Stadt, mitten im Maisbaugebiet. Die Maisflächen begannen einen Steinwurf von der Vordertür des Farmhauses. Dahinter gab es ein paar Morgen bunt und kraftvoll wucherndes Gartenland, mit Hühnerställen, Gemüsen und Kürbissen. Sogar auf der Veranda standen noch Säcke voll Körnerfutter und gebündelte Unkrautharken. Das bäuerliche Leben, das Leben ihres Mannes, umspülte dieses Haus und hinterließ Alteisenstücke auf der Türstaffel, wo die Kinder «Wagen-und-Kutscher» spielten, oder Medizinflaschen für krankes Vieh auf ihrem Ankleidetisch zwischen den Fläschchen von Elizabeth Arden.

Von der Veranda dieses Hauses, einer hohen, blechgedeckten Ziegelbaracke, gelangte man direkt in einen geräumigen Salon, den grün-orangene Leinenblenden gegen die Sonne abschirmten.

«Stilvoll?» fragten sich die Farmersfrauen, wenn sie zu einem Höflichkeitsbesuch herüberkamen, aber innerlich bezweifelten sie es, während sie mit Lucy Grange über Butterpreise und Dienstbotenschürzen schwatzten und ihre Männer sich mit George Grange über die Farm unterhielten. Nie kamen sie «rasch auf einen Sprung» herüber, um Lucy Grange zu besuchen, nie telefonierten sie und luden sie ein, «doch mal einen Tag» bei ihnen zu verbringen. Sie betasteten die Bücher über Kinderpsychologie, Politik und Kunst, warfen schuldbewußte Blicke auf die Bilder an den Wänden, im Gefühl, daß sie eigentlich hätten erkennen müssen, was diese darstellten, und sagten schließlich: «Sie sind wohl ein Büchernarr, Mrs. Grange, das sieht man doch gleich.»

Jahrelang hatten sie Lucy untereinander zerpflückt, ehe jene harmlose Belustigung in ihren Stimmen aufklang, mit der man jemanden akzeptiert: «Neulich fand ich Lucy im Gemüsegarten, und da hatte sie wahrhaftig Handschuhe an mit Coldcream drinnen!» – «Lucy hat sich schon wieder einen neuen Kleiderschnitt aus der Stadt bestellt.» Und, etwas später, mit steifen Schultern und affektiertem Blick starr vor sich hin, kam die diskret unverbindliche Feststellung: «Den Männern gefällt sie sehr.»

Man kann sich denken, wie Lucy auf der Veranda zurückblieb, wenn solche betont kurzen Visiten glücklich überstanden waren, wie sie bitter hinter diesen Frauenzimmern herlächelte, so handfest und so zufriedenstellend in ihren strengen Schneiderkostümen – von der Holländerin im Laden für siebeneinhalb Shilling angefertigt und lose über den verbrauchten Brüsten zugeknöpft – mit ihrem ungepflegten Haar, das alle sechs Monate in der Stadt dauergewellt wurde, all diesen Weibern, deren Weiblichkeit einzig und allein durch den verwischten Streifen Rot auf den Lippen dargetan war. Man kann sich denken, wie sie die Fäuste ballte und den grünlich wogenden Maisfeldern ringsum wütend zurief:

«Ich will nicht. Ich mache das nicht mit. Er soll sich bloß nicht einbilden, daß ich da mitmache.»

«George, wie gefällt dir mein neues Kleid?»

«Du bist die hübscheste Frau im ganzen Bezirk, Lucy.»

Also schien er doch nicht zu erwarten, ja nicht einmal zu wünschen, daß sie mitmachte ...

Indessen fuhr sie fort, sich Kochbücher aus der Stadt kommen zu lassen, bereitete den Kürbis und den grünen Mais und die Hühner nach neuen Rezepten zu, legte Nachtcreme auf, machte aus alten Packkisten, die sie weiß lackierte, hübsche Möbel fürs Kinderzimmer – denn die Farm trug nicht sehr viel ein – und besprach mit George, daß Bettys Husten vermutlich psychisch bedingt sei.

«Du hast sicher recht, meine Liebe.»

Und dann, mit ihrer vollen, krampfhaft beherrschten Stimme: «Ja, mein Herz. Nein, mein Liebling. Aber ja, ich spiele schon mit dir Baukasten, aber zuerst mußt du schön essen.» Bis es dann doch zu einem scharfen, schrillen Ausbruch kam: «So mach doch nicht solchen Radau, Kind! Das ist ja nicht auszuhalten. Geh schon, geh in den Garten spielen und laß mich in Frieden.»

Manchmal gab es Tränengüsse. Danach: «Ach, George, hat dir deine Mutter denn nie gesagt, daß Frauen nun einmal ab und zu weinen müssen? Das wirkt wie ein Aufpulverungsmittel oder wie ein Ferientag.» Und dann kam dieses übertriebene Gelächter, mit unzähligen lebhaften Beteuerungen, während George eifrig wiehernd einstimmte. Er hatte es gern, wenn sie lustig war. Meistens war sie's auch. Sie war zum Beispiel eine gute Pantomimin. Um ihm seine wirtschaftlichen Sorgen mit der Farm zu vertreiben, machte sie etwa die Polizeibeamten nach, die allmonatlich die Runde durch den Bezirk machten und sich überzeugten, daß sich die Eingeborenen nichts zuschulden kommen ließen, oder die Beamten der landwirtschaftlichen Verwaltung.

«Sie wollen meinen Mann sprechen?»

Deshalb waren sie zwar gekommen, aber meistens bestanden sie nicht darauf. Sie blieben viel länger sitzen, als sie vorgehabt hatten, tranken Tee und erzählten ihre Privatangelegenheiten. Nachher sagten sie dann in der Bar im Dorf: «Diese Mrs. Grange, das ist aber eine gescheite Frau, nicht wahr?»

Und sie gab zu Georges größtem Vergnügen zum besten, wie so ein in Khaki gekleideter, sonnverbrannter Bursche in ihren Salon hereingeschneit war und sich in drolliger Verblüffung umgesehen hatte. Für die Tasse Tee, die sie ihm anbot, hatte er sich ein dutzendmal bedankt und einen Aschenbecher umgestoßen, war dann zum Mittagessen und sogar noch zum Nachmittagstee dageblieben und hatte beim Fortgehen noch ein linkisches Kompliment angebracht: «Es ist eine wahre Wohltat, eine Dame zu treffen wie Sie, die sich so für alles interessiert.»

«Hab Erbarmen mit uns armen Kolonisten, Lucy!»

Eigentlich hatte es gar nicht anders kommen können: Eines Tages erschien der Hausdiener hinten im Hühnerhof und meldete, ein Herr sei da und wolle sie sprechen, und diesmal war es kein schwitzender, nach fünfzehn Meilen Staubschlucken auf dem Motorrad halb verdursteter Polizist, den sie freundlich aufnehmen mußte.

Diesmal war es ein Städter, zwischen vierzig und fünfundvierzig, in städtischer Kleidung. Beim ersten Blick überlief es sie vor Abscheu. Sein Gesicht war grob und sinnlich, und als die stechenden Augen unter schweren

Lidern an ihrem Körper auf und ab wanderten, erinnerte er sie an einen geduldigen Geier.

«Sie suchen wahrscheinlich meinen Mann? Er ist heute morgen draußen bei den Kuhställen.»

«Nein – das heißt, ich habe ihn gesucht. Aber jetzt nicht mehr.»

Sie lachte. Es war, als habe sie eine lange nicht gehörte Platte aufgelegt, und ihre Beine fingen sogleich automatisch an, den Takt mitzuklopfen. Jahre war es her, daß sie dieses Spiel zum letzten Mal gespielt hatte. «Darf ich Ihnen eine Tasse Tee anbieten?» sagte sie hastig, und damit ließ sie ihn in ihrem hübschen Salon allein.

Mit unsicheren Händen griff sie nach den Tassen.

«Aber Lucy», sagte sie schalkhaft zu sich selbst. Als sie zurückkehrte, wirkte sie gesetzt und würdevoll, doch jetzt fand sie ihn vor dem Bild, das fast die halbe Seitenwand des Raumes einnahm. «Man sollte meinen, Sonnenblumen hätten Sie hier nachgerade genug», sagte er mit seiner schweren Stimme, die jedes Wort so betonte, daß sie unwillkürlich nach einer Nebenbedeutung dahinter suchen mußte. Und als er sich von der Wand abkehrte, herankam und sich beim Niedersetzen vorbeugte, um sie prüfend anzusehen, mußte sie den Impuls unterdrücken, sich für das Bild zu entschuldigen. Beinahe hätte sie gesagt: «Van Gogh ist ein bißchen unoriginell, aber ungemein wirkungsvoll.» Und jetzt empfand sie, daß das ganze Zimmer so war: unoriginell, aber wirkungsvoll. Sie war sich auf angenehme Weise bewußt, wie sie aussah: anmutig und kühl in ihrem grünen Leinenkleid, das korngelbe Haar im Nacken zu einem ehrbaren Knoten geschlungen. Sie hob die großen, ernsten Augen zu seinem Gesicht und fragte: «Milch, Zucker?»

und fühlte, daß ihre Mundwinkel vor Befangenheit verkrampft waren.

Als er sich nach drei Stunden verabschiedete, drehte er ihre Hand um und küßte sie flüchtig auf die Innenfläche. Sie stand stocksteif da und blickte auf den öligen, dunklen Scheitel und den roten, rissigen Nacken hinab, und wieder mußte sie an den faltigen, nackten Hals eines Geiers denken.

Nachdem er sich aufgerichtet hatte, sagte er voll schlichter Herzlichkeit: «Wie einsam Sie hier sein müssen, meine Liebe.» Und sie fühlte zu ihrer Verblüffung, daß sich ihre Augen mit Tränen füllten.

«Man macht's sich so hübsch, wie man kann.» Sie hielt die Lider gesenkt und sagte es leichthin, aber innerlich zerfloß sie vor Dankbarkeit. Um ihrer Verlegenheit Herr zu werden, setzte sie hastig hinzu: «Übrigens haben Sie noch gar nicht gesagt, was Sie eigentlich hergeführt hat.»

«Ich bin Versicherungsagent. Außerdem hatte ich schon viel von Ihnen gehört.»

Sie konnte sich nur zu gut vorstellen, was über sie geredet wurde, und lächelte gezwungen. «Sie nehmen Ihren Beruf etwas leicht.»

«Darf ich ein anderes Mal wiederkommen und mein Glück versuchen?»

Sie antwortete nicht. «Meine Liebe», sagte er. «Ich muß Ihnen etwas gestehen: Einer der Gründe, warum ich mir dieses Gebiet ausgesucht habe, sind Sie. In diesem Land gibt es sehr wenig Leute, mit denen man reden kann, darum können wir es uns eigentlich nicht leisten, einander nicht ernst zu nehmen, meinen Sie nicht?»

Er strich ihr mit der Hand über die Wange, lächelte und ging. Seine letzten Worte klangen wie eine Persiflage auf

Redensarten, die sie selbst häufig gebrauchte, und bewirkten einen jähen Stimmungsumschwung.

Sie betrat ihr Schlafzimmer und stellte sich vor den Spiegel. Sie preßte die Hände an die Wangen und atmete stoßweise ein. «Aber Lucy, was ist denn los mit dir?» Ihre Augen tanzten, ihr Mund lächelte verführerisch, und sie wußte recht gut, wie wenig ernst dieses «Aber Lucy» gemeint war. «Ich gehe kaputt», dachte sie. «Ich muß irgendwie kaputtgegangen sein, ohne es zu merken.»

Etwas später merkte sie, beim Kuchenbacken in der Vorratskammer, wie sie vor sich hin sang. Sie beschwor hinter geschlossenen Lidern das Gesicht des Versicherungsagenten herauf und wischte sich instinktiv die Hände an ihrem Rock ab.

Drei Tage später war er wieder da. Und als sie ihn vertraulich lächelnd in der Tür stehen sah, mußte sie im ersten Schreck wieder denken: «Er hat ein Gesicht wie ein altes Tier. Wahrscheinlich hat er sich diesen Beruf nur ausgesucht, weil er da allerhand günstige Gelegenheiten hat.»

Er plauderte über London, wo er kürzlich seinen Urlaub verbracht hatte, über Kunstgalerien und Theater.

Sie war so ausgehungert nach solchen Gesprächen, daß sie gegen ihren Willen auftaute. Auch konnte sie nicht verhindern, daß ihre Stimme klang, als wollte sie für sich selbst um Entschuldigung bitten, denn sie wußte nur zu gut, daß sie provinziell wirken mußte, nach so vielen Jahren hier, im Exil. Als er sich selbst in ihren Verzicht auf frühere Ansprüche mit einbezog, mit den Worten: «Ja, ja, meine Liebe, in einem solchen Land lernt jeder, es billiger zu geben», empfand sie sogar Zuneigung für ihn.

Indes er plauderte, wanderten seine Augen unstet umher. Er lauschte auf etwas. Kollernd scharrten draußen vor den Fenstern die Truthühner im Staub. Aus dem Nebenzimmer hörte man die Schritte des Hausdieners, dann trat wieder Stille ein, weil er mittagessen gegangen war. Die Kinder waren bereits abgefüttert und befanden sich mit dem Kindermädchen im Garten.

«Nein!» sagte sie sich. «Nein, nein, nein.»

«Kommt Ihr Mann zum Essen heim?»

«Um diese Jahreszeit hat er zuviel zu tun, da ißt er auf den Feldern.»

Er kam näher und setzte sich neben sie. «Na, wollen wir uns miteinander trösten?» Plötzlich lag sie schluchzend in seinem Arm und spürte, wie er sie ungeduldig und erregt umschlang.

Im Schlafzimmer hielt sie die Augen geschlossen. Seine Hand glitt auf ihrem Rücken auf und ab. «Na, was ist denn, mein Kleines? Was ist denn los?»

Seine Stimme hatte etwas Einschläferndes. Am liebsten wäre sie in diesen unpersönlich tröstenden Armen eingeschlafen und eine Woche lang nicht mehr aufgewacht. Er jedoch blickte über ihre Schulter hinweg nach der Uhr und sagte: «Sollten wir uns nicht lieber wieder anziehen?»

«Natürlich.»

Sich mit den eigenen Armen bedeckend, kauerte sie nackt auf dem Bett und betrachtete seinen weißen, behaarten Körper und den rissigen roten Nacken voll Abscheu. Übergangslos verfiel sie dann in eine künstliche Munterkeit, und so saßen sie im Wohnzimmer noch nebeneinander auf dem großen Sofa und versuchten, das Ganze zu ironisieren. Dann legte er wieder den Arm um sie, und sie schmiegte sich an ihn und mußte nochmals weinen. Sie klammerte sich an ihn und fühlte, daß er sich von ihr entfernte, und nach einigen Minuten stand er auf und sagte: «Würde deinem Alten wenig Freude machen, wenn er jetzt heimkäme und uns so hier fände, nicht wahr?» Und obwohl sie ihn haßte für dieses «dein Alter», schlang sie die Arme um ihn und sagte: «Komm bald wieder.»

«Wie könnte ich anders!» Seine Stimme gurrte zärtlich über ihrem Kopf, und sie fügte hinzu: «Ich bin sehr viel allein, weißt du.»

«Ich komme, sobald ich kann, Liebling. Aber ich habe auch noch einen Beruf, das mußt du verstehen.»

Sie ließ die Arme sinken und lächelte und sah ihm nach, indes er auf der ausgefahrenen, rostbraunen Landstraße davonfuhr, zwischen wogenden, meergrünen Maisfeldern.

Sie wußte, er würde wiederkommen, und das nächste Mal würde sie nicht mehr weinen. Sie würde wieder hier stehen und ihm nachschauen und ihn hassen, sobald sie sich erinnerte, wie er gesagt hatte: In einem solchen Land lernt jeder, es billiger zu geben. Er aber würde wieder und wieder kommen. Und immer wieder würde sie hier stehen, ihm nachschauen und ihn hassen.

Ludwig Thoma

Auf der Elektrischen

In *München*. Der schwere Wagen poltert auf den Schienen; beim Anhalten gibt es einen Ruck, daß die stehenden Passagiere durcheinandergerüttelt werden.
Ein Schaffner ruft die Station aus.
«Müliansplatz!»
Heißt eigentlich Maximiliansplatz.
Aber der Schaffner hat Schmalzler geschnupft und kann die langen Namen nicht leiden.
Ein Student steigt auf. Er trägt eine farbige Mütze, und der Schaffner salutiert militärisch.
Er weiß: Das zieht bei den Grünschnäbeln. Sie bilden sich darauf was ein.
Und wenn sich Grünschnäbel geschmeichelt fühlen, geben sie Trinkgelder.
Er ist Menschenkenner und hat sich nicht getäuscht.
Der junge Herr mit der großen Lausallee gibt fünf Pfennige.
Er sieht dabei den Schaffner nicht an; er sieht gleichgültig ins Leere; er zeigt, daß er dem Geschenke keine Bedeutung beimißt. Der Schaffner salutiert wieder.
Wumm! Prr!
Der Wagen hält.

«Deonsplatz!» schreit der Schaffner.

Heißt eigentlich Odeonsplatz.

Eine Frau, die ein großes Federbett trägt, schiebt sich in den Wagen. Ein Sitzplatz ist noch frei.

Die Frau zwängt sich zwischen zwei Herren. Sie stößt dem einen den Zylinder vom Kopfe.

Das ärgert den Herrn. Er klemmt den Zwicker fester auf die Nase und blickt strafend auf das Weib.

«Aber erlauben Sie!» sagt er.

– ?! –

«Aber erlauben Sie, mit einem solchen Bett!»

Die Leute im Wagen werden aufmerksam.

Der Mann scheint ein Norddeutscher zu sein; der Sprache nach zu schließen. Ein besserer Herr, der Kleidung nach zu schließen.

Was fällt ihm ein, die arme Frau aus dem Volke zu beleidigen?

Ein dicker Mann, dessen grünen Hut ein Gemsbart ziert, verleiht der allgemeinen Stimmung Ausdruck.

«Warum soll denn dös arme Weiberl net da herin sitzen? Soll's vielleicht draußen bleib'n und frier'n? Bloß weil's dem nobligen Herrn net recht is? Wenn ma so noblig is, fahrt ma halt mit da Droschken!»

Der dicke Mann ist erregt. Der Gemsbart auf seinem Hute zittert. Einige Passagiere nicken ihm beifällig zu; andere murmeln ihre Zustimmung. Ein Arbeiter sagt:

«Überhaupt is de Tramway für jed'n da. Net wahr? Und dera Frau ihr Zehnerl is vielleicht g'rad so guat, net wahr, als wia dem Herrn sei Zehnerl.»

Die Frau mit dem Bett sieht recht gekränkt aus. Sie schweigt; sie will nicht reden; sie weiß schon, daß arme Leute immer unterdrückt werden.

Sie schnupft ein paarmal auf und setzt sich zurecht. Dabei fährt sie mit dem Bette ihrem anderen Nachbarn ins Gesicht.

Der stößt das Bett unsanft weg und redet in soliden Baßtönen: «Sie, mit Eahnan dreckigen Bett brauchen S' mir fei's Maul net abwisch'n! Glauben S' vielleicht, Sie müassen's mir unta d' Nasen halt'n, weil S' as jetzt aus'm Versatzamt g'holt hamm?»

Die Passagiere horchen auf.

Da ist noch einer, der die Frau aus dem Volke beleidigt; aber, wie es scheint, ein süddeutscher Landsmann.

Die Stimmung richtet sich nicht gegen ihn. Übrigens sieht er so aus, als wenn ihm das gleichgültig sein könnte.

Er hat etwas Gesundes an sich, etwas Robustes, Hinausschmeißerisches.

Er imponiert sogar dem Herrn mit dem grünen Hute.

Und dann, alle haben es gesehen:

Die Frau ist ihm wirklich mit dem Federbette über das Gesicht gefahren. So etwas tut man nicht. Der Mann selbst ist noch nicht fertig mit seiner Entrüstung. Er wirft einen sehr unfreundlichen Blick auf die Frau aus dem Volke und einen sehr verächtlichen Blick auf das Bett.

Er sagt: «Überhaupt is dös a Frechheit gegen die Leut', mit so an Bett do rei'geh'. Wer woaß denn, wer in dem Bett g'leg'n is? Vielleicht a Kranker; und mir fahren S' ins G'sicht damit! Sie ausg'schamte Person!» Einige murmeln beifällig.

Der Mann mit dem grünen Hute gerät wieder in Zorn.

Er sagt: «Der Herr hat ganz recht. Mit so an Bett geht ma nett in a Tramway. Da kunnten ja mir alle o'g'steckt wer'n. Heutzutag, wo's so viel Bazüllen gibt!»

Der Gemsbart auf seinem Hute zittert.

Alle Passagiere sind jetzt wütend über die Unverschämtheit der Frau.

Man ruft den Schaffner.

«De muaß außi!» sagt der Mann mit dem Gemsbart, «und überhaupts, wia könna denn Sie de Frau da einaschiab'n? Muaß ma sie vielleicht dös g'fallen lassen bei der Tramway? Daß de Bazüllen im Wag'n umanandfliag'n?»

Der Schaffner trifft die Entscheidung, daß die Frau sich auf die vordere Plattform stellen muß. Sie verläßt ihren Platz und geht hinaus.

«Dös war amal a freche Person!» sagt der Mann mit dem Gemsbart.

Der Herr mit dem Zwicker meint: «Eigentlich war sie ganz anständig. Nur mit dem Bette...»

«Was?!» schreit sein robuster Nachbar. «Sie woll'n vielleicht das Weibsbild in Schutz nehma? Gengan S' außi dazua, wann's Eahna so guat g'fallt!»

Alle murmeln beifällig.

Und der Arbeiter sagt: «Da siecht ma halt wieda de Preißen!»

Traumpartner der Liebe

Der Skorpion-Mann ist der geborene Verführer

Der bedauernswerte Skorpion ist wohl das Zeichen des Tierkreises, dem – oft zu Unrecht – am meisten Böses nachgesagt wird. Jeder spricht sofort vom Stachel des Skorpions, dabei erweisen sich gerade Skorpion-Männer, in schlimmen wie in guten Zeiten, als unglaublich loyale Freunde.

Der Skorpion ist wesentlich sensibler, als ihm nachgesagt wird. Wird er in seinen Gefühlen verletzt, kann er das nur schwer verwinden. Ihm wird manchmal unterstellt, er könne nicht gut vergeben. Genau betrachtet ist es jedoch nicht das Vergeben, das ihm äußerst schwerfällt, sondern eher das Vergessen einer Kränkung.

Er verfügt über unglaubliche innere Kräfte, weshalb ihn viele Astrologen als nahezu unbesiegbar beschreiben. Oberflächlich gesehen stimmt das sogar. Der Skorpion hat zwar nicht gerade eine gespaltene Persönlichkeit, aber er neigt mit Sicherheit dazu, zu verschleiern, was er wirklich denkt und fühlt. Er erfaßt Situationen instinktiv und intuitiv, als ob er Gedanken lesen könnte. Andrerseits ist er so eifersüchtig und besitzergreifend, daß es manchmal nur schwer zu ertragen ist, besonders da er umgekehrt von Ihnen nicht in der gleichen Art behandelt werden will.

Der Skorpion dringt tief in das Leben ein, dessen Geheimnisse faszinieren ihn. Manchmal betreibt er dies allerdings so intensiv, daß Menschen, die mehr auf dem Boden der Tatsachen stehen, zurückschrecken. Falls Sie jemanden kennenlernen, dessen animalischer Magnetismus Sie erschreckt und gleichzeitig fesselt und dessen magischem Blick Sie sich nicht entziehen können, und falls Sie eine leidenschaftliche, das Lebensgefühl steigernde Beziehung mit einem «richtigen» Mann eingehen möchten, dann ist er mit Sicherheit ein perfekter Traumpartner für Sie.

Viele faszinierende Männer sind im Zeichen des Skorpions geboren, darunter Pablo Picasso, Richard Burton und Prinz Charles. Auch Ihr Skorpion kann faszinierend sein, vorausgesetzt, Sie tricksen ihn auf seinem ureigenen Gebiet aus.

Haben Sie sich etwa schon gefragt, woran Sie diesen betörenden Mann erkennen können? Das dürfte nicht allzu schwerfallen. Seine Augen geben häufig den deutlichsten Hinweis: Er scheint einem bis auf den Grund der Seele zu blicken, während er sich in seiner unnachahmlichen Weise der Kunst der Verführung hingibt.

Wenn er sich von Ihnen angezogen fühlt, macht er vermutlich von Anfang an unmißverständlich seine Absichten klar. Romantik ist ja schön und gut, doch für den Skorpion-Mann zählt in erster Linie das, was unter der Bettdecke passiert. Als schüchterner, sensibler Fisch zum Beispiel, der gern im Mondschein spaziert und sich dabei Zärtlichkeiten ins Ohr flüstern läßt, müssen Sie sich auf eine härtere Gangart einstellen. Nicht daß der Skorpion-Mann etwas gegen Romantik hätte – im Gegenteil, oft ist er sogar romantischer, als man annimmt. Aber irgendwie schafft es der Skorpion-Mann nie ganz, daß man sein Macho-Image vergißt – und oft will er das auch gar nicht. Obwohl er, sobald sein Bartflaum hart geworden ist, merkt, daß es im Leben mehr gibt als Liebesabenteuer, fällt es ihm häufig schwer, sich zu ändern. Seine Verhaltensweisen sind meist so eingefahren, und er hat sich so sehr daran gewöhnt, die nächste Eroberung abzuhaken, daß er nur schwer zu einem geregelten familiären Leben findet.

Angenommen, Sie haben einen Skorpion kennengelernt, dessen Geburtskonstellation Aspekte aufweist, die seine Persönlichkeit so beeinflußt haben, daß er auf Anhieb nicht als Skorpion zu identifizieren ist – er also weder übermäßig sexy wirkt noch einen besonders eindringlichen Blick hat –, dann müssen Sie sein Sternzeichen auf andere Weise herausbekommen. Sprechen Sie mit ihm über seine Arbeit. Skorpione sind häufig gute Chirurgen, Naturwissenschaftler, Psychiater, Juristen, Reporter oder auch Geistheiler. Es wird Ihnen gewiß Spaß machen, herauszufinden, ob er einen von diesen Berufen ausübt, und wenn ja, welchen. Dazu müssen Sie allerdings wissen, daß Skorpione im allgemeinen und männliche Skorpione im besonderen nicht gern viel von sich preisgeben, obwohl sie über andere am liebsten alles herausfinden möchten und dabei schonungslos bis in die Intimsphäre vordringen. Wenn er also Ihre beiläufigen Fragen mit einem «Nein, aber warum erzählen Sie mir nicht etwas über sich?» abtut und fragt, ob Sie verheiratet sind oder mit einem Mann zusammenleben, dann sollten Sie sich wirklich vorsehen.

Der Skorpion-Mann – und das gilt auch für die meisten Skorpion-Frauen – liebt die Gefahr (lassen Sie *nie* Streichhölzer in der Nähe eines Skorpion-Kindes liegen; das

Spiel mit dem Feuer ist auf dieses Sternzeichen bezogen keine bloße Redensart). Wenn ein Skorpion darauf aus ist, eine Frau zu verführen, die sich bis zu diesem Augenblick noch für keinen Mann erwärmt hat, geht er sofort aufs Ganze. Nehmen Sie sich in acht! *Er* wird mit einem kurzen Abenteuer wahrscheinlich gut fertig, aber *Sie* vielleicht nicht. Es gibt noch anderes, auf das Sie sich bei einem Skorpion-Mann einstellen müssen. Es ist gut möglich, daß er zu Hause Frau und Kinder hat, dies aber nicht an die große Glocke hängt. Nach einem Ehering an seinem Finger brauchen Sie erst gar nicht zu suchen. Wenn er als Romeo umherschweift, sind seine Finger ohnehin stets nackt und bloß.

Haben Sie nun einen Mann kennengelernt, den Sie für einen Skorpion halten, sind sich aber noch nicht ganz sicher, dann sollten Sie sich seine Kleidung ansehen. Obwohl sich nicht jeder Skorpion-Mann in enge Jeans zwängt, trägt er ganz bestimmt etwas, das Sie zweimal hinschauen läßt. Er wird es vielleicht nicht auffällig tun, doch betont er seine Männlichkeit immer, wenn oft auch nur indirekt. Wenn etwa einer schwarzes, ungebändigtes Haar und blitzende dunkle Augen hat und Ihnen seinen männlichen Brustkasten aus dem bis zur Taille offenen Hemd entgegenstreckt, muß es sich einfach um einen Skorpion-Mann handeln. Ein Großteil der männlichen Skorpione besitzt eine geradezu animalische Anziehungskraft.

Falls Sie bis hierhin gelesen haben und zum Schluß gekommen sind, daß Ihr Leben mit einem Skorpion-Mann endlich abenteuerlicher verlaufen könnte, möchten Sie sicher wissen, wo Sie einen solchen finden können. Ist das Interesse eines Skorpions an irgend etwas einmal erwacht, steigert es sich rasch zur Leidenschaft. Meist ist er vielseitig interessiert. Sie können ihn deshalb in einem Karateklub ebenso finden wie an Gruppentreffs, bei denen über Gott und die Welt diskutiert wird, er taucht aber auch überraschend auf Partys auf, in der Hoffnung, dort jemanden kennenzulernen. Eindeutige Jagdgründe lassen sich für einen Skorpion nicht angeben. Er plant nicht gern lange im voraus, da das Unbekannte ihn am meisten lockt.

Im Urlaub schnorchelt oder taucht er mit Vorliebe in der Tiefsee, immer auf der Suche nach etwas Neuem. Er liebt die Gefahr, denn sie macht den Reiz seines Lebens aus. Ruhige, romantische Spaziergänge am Strand liegen mit ihm normalerweise nicht drin.

Sie kommen wahrscheinlich besser mit einem Skorpion-Mann klar, wenn Sie ihn erst eine Zeitlang hinzuhalten vermögen. Je mehr Sie sich anfangs zieren, desto mehr steigert sich seine Leidenschaft. Ein solches Pokern kann sich deshalb auf Dauer durchaus bezahlt machen.

Wenn Ihre Rechnung aufgeht und die Beziehung zu Ihrem Skorpion-Traumpartner ernst wird, müssen Sie darauf gefaßt sein, daß er ungeheuer eifersüchtig sein wird. Und Vorsicht! Auch Sie müssen ein Auge auf ihn haben, denn selbst wenn er Sie heiraten oder mit Ihnen zusammenleben will, fällt ihm ausschließliche Treue sehr schwer. Sie dürfen also in Ihrer Wachsamkeit nicht nachlassen und Ihre Leidenschaft nicht erkalten lassen, denn sonst wird er schon bald nach Gras auf anderen Weiden Ausschau halten.

Er braucht eine Frau, die einerseits ihren eigenen Kopf hat, aber gleichzeitig unterhaltsam, attraktiv und romantisch ist. Auch wenn der Skorpion-Mann in vieler Hinsicht nicht zu rühren ist, ist er seltsamerweise doch sehr verletzlich und innerlich unsicher. Er braucht deshalb auch eine Frau, die nicht bloß seine körperlichen Bedürfnisse versteht, sondern auch seine seelischen. Da er über sehr viel Intuition verfügt, kann er in Ihnen lesen wie in einem Buch.

Auch wenn er Sie mit seinen ewigen Flirts manchmal fast zur Verzweiflung treibt, haben Sie in ihm doch auch einen äußerst gefühlvollen Partner. Regen Sie sich also nicht auf, wenn er einer Verflossenen zum Geburtstag gratuliert. Er vergißt nun mal nicht so leicht etwas, selbst wenn es ihm, seit er Sie kennt, nichts mehr bedeutet.

Der Skorpion-Mann ißt gern in schummrigen Restaurants, wo man nach dem Essen eng umschlungen tanzen kann. Er liebt elektronische Bridge- oder Schachspiele, Krimis (oder wenn Sie Geld haben, ein schnelles Auto). Er freut sich wie ein Kind, wenn er erfährt, daß Sie stundenlang gesucht haben, um das Richtige zu finden.

Der Skorpion-Mann versteht sich wie kein anderer auf die Kunst der Verführung und bekommt im allgemeinen bald, was er will. Deswegen müssen Sie das Feuer in Ihrer Beziehung stets schüren und dürfen es niemals ausgehen lassen. Das Leben mit einem Skorpion-Traumpartner ist nicht immer eitel Sonnenschein. In manchen Augenblicken werden Sie halb verzweifelt denken, Sie seien an den leichtfertigsten Schürzenjäger aller Zeiten geraten. Sie müssen dann unter Beweis stellen, daß Sie die Traumpartnerin sind, nach der er immer gesucht hat. Falls Ihnen das gelingt, können Sie glücklicher werden, als Sie es je für möglich gehalten hätten.

Die Skorpion-Frau sehnt sich nach Romantik

Falls Ihre Traumpartnerin im Zeichen des Skorpions geboren ist, sind Sie an die *femme fatale* des Tierkreises geraten. Sie ist imstande, fast jeden ungebundenen Mann einzufangen, und selbst wenn sie, wie Grace Kelly, wie ein Eisberg wirkt, lodert in ihrem Innern ein Vulkan.

Die überaus sinnliche Skorpion-Frau will schon in jungen Jahren wissen, worum es im Leben geht. Sie verfügt über sehr viel Einfühlungsvermögen und kann in Menschen lesen wie in einem Buch. Sie riskiert Dinge, die keine andere Frau riskieren würde, da sie sich, ebenso wie der männliche Skorpion, von der Gefahr angezogen fühlt.

Von einer Skorpion-Frau fühlt man sich im allgemeinen spontan angezogen, da sie deutlich aus einer Menge heraussticht. Erstaunlich viele Frauen, die in diesem Sternzeichen geboren sind, haben wunderschöne Augen, in denen man liebend gern ertrinken würde, wenn sie einem nur gnädig einen Blick gewährten. Da sie um den Zauber ihrer Augen wissen, bringen sie sie natürlich möglichst vorteilhaft zur Geltung.

Wer das Herz einer Skorpion-Frau erobern will, muß sich als ganzer Mann erweisen – was nicht heißt, daß Sie sofort Ihre Muskeln spielen zu lassen und in den ersten fünf Minuten zum Entscheidungskampf anzutreten hätten. Auch brauchen Sie sich keine besondere Verführungsstrategie auszudenken, denn wenn sie an *Ihnen* interessiert ist, wird sie Ihnen schon zeigen, wo es in dieser Beziehung langgeht. Jemanden zu verführen fällt ihr auf alle Fälle leichter, als eine Fremdsprache zu lernen.

Die Skorpion-Frau kennt keine falsche Bescheidenheit. Sie macht aus ihrem Herzen keine Mördergrube, sondern sagt ihre Meinung frei heraus. Gleichzeitig ist sie aber auch sehr für Geheimnisse, und vor allem auch dafür, welche zu knacken. So findet sie mit sicherem Instinkt schlicht alles über andere heraus (und dazu noch ganz unaufdringlich). Aber wehe, Sie versuchen in ihre Vergangenheit einzudringen! Dann verschließt sie sich wie eine Auster und macht Ihnen eindeutig klar, daß Sie das alles nicht das mindeste angeht.

Nicht daß sie in jedem Fall unbedingt etwas zu verbergen hätte. Doch schon als kleines Kind hat sie einen Platz für sich beansprucht, den niemand betreten durfte, solange sie es nicht ausdrücklich erlaubte.

Diese Einstellung behält sie – in geistiger und körperlicher Hinsicht – ihr ganzes Leben über bei. Je mehr Sie diese Eigenheit an ihr respektieren, desto mehr Respekt wird sie Ihnen entgegenbringen.

Ist die Skorpion-Traumpartnerin Ihre Frau geworden, müssen Sie sich auch weiterhin an faire Regeln halten. Sollten Sie sich je mit anderen Frauen einlassen, ist das der Anfang vom Ende. Sie findet absolut nichts dabei, auf den Verdacht hin Ihre Taschen nach Beweisstücken für Ihre Techtelmechtel zu durchsuchen. Sie brauchen nun aber nicht zu befürchten, an eine eifersüchtige, besitzergreifende Ziege geraten zu sein. Hat die Skorpion-Frau Herz und Hand an den Mann, den sie liebt, einmal verschenkt, steht sie treu zu ihm – erwartet dann aber allerdings das gleiche von ihm.

Nach all dem Gesagten vermuten Sie jetzt vielleicht, eine Skorpion-Frau wolle in einer Beziehung stets dominieren. Dieser Schluß liegt nahe, ist aber nicht unbedingt richtig. Die Skorpion-Frau ist längst nicht so dominant wie die Löwe-Frau und auch weniger aggressiv als die

Widder-Frau. Auch wenn sie weiß, was sie will, ist es ihr ganz lieb, einen Partner zu haben, auf dessen innere Stärke sie sich verlassen, dessen Urteile sie respektieren und der sie außerdem noch zum Lachen bringen kann. Die Skorpion-Frau ist häufig so sehr mit den ernsten Seiten des Lebens befaßt, daß sie sich nur schwer entspannen und vergnügen kann. Oft ist sie auch für übersinnliche Einflüsse besonders empfänglich – Skorpione sind von Theorien über Reinkarnation und Geister, von Astrologie und Magie (manchmal weißer und schwarzer) fasziniert und wollen stets zu den Wurzeln der Dinge vordringen, um sie besser zu verstehen.

Eine Skorpion-Frau ist nicht schwer zu erkennen. Über ihre Augen wissen Sie schon einiges, und ihr aufreizendes Benehmen kann Ihnen eigentlich nicht entgehen. Skorpion-Frauen sind stolz auf ihre Figur und bemühen sich heftigst, kein Gramm Fett zuviel zu haben. Am liebsten möchten sie zeit ihres Lebens so attraktiv aussehen wie nur möglich.

Die Skorpion-Frau scheint jede Situation zu beherrschen – und tut es meist auch. Das Feuer, das man in ihr lodern spürt, ist beinahe beängstigend. Doch wenn Sie ihren Vorstellungen entsprechen, werden Sie bald erleben, wie sich die Tigerin in ein schnurrendes Kätzchen verwandelt, sobald sie sich verliebt hat.

Doch wo können Sie dieses sinnliche Geschöpf denn nun finden? Gut möglich, daß sie gern spielt, und wenn sie gewinnt, wird das ihre Lust noch steigern. Sie findet auch absolut nichts dabei, ein Ehevermittlungsinstitut aufzusuchen, allein in eine Disco zu gehen oder sich aufs Geratewohl zu verabreden. Routine liegt ihr nicht. Sie braucht Abwechslung und Betrieb im Leben. Deshalb plant sie auch nicht lange im voraus. Falls sie eine besonders energiegeladene Skorpion-Frau ist, mag sie die Gelegenheit nutzen und ihre Reize an einem Swimmingpool, in einem Fitneßcenter oder auf einem Tennisplatz zur Schau stellen.

Sobald die Beziehung zu Ihrer Skorpion-Traumpartnerin enger geworden ist, wird es Ihnen Spaß machen, sie zu beschenken: mit schwarzer Satinbettwäsche, Moschusparfüm, einem Wasserbett, dem neuesten erotischen Roman, ihren Lieblingsfilmen auf Video, die Sie sich aneinandergekuschelt im Bett zusammen anschauen, einer tollen Sonnenbrille oder ein paar Jazzkassetten. Sie mag T-Shirts, die die Figur betonen, und ganz, ganz enge Jeans, meist einer bestimmten Marke.

Über einen Wochenendtrip nach Paris oder Amsterdam, wo Sie zusammen das Nachtleben genießen können, wird sie sich bestimmt freuen, doch gefällt ihr sicherlich auch eine idyllische kleine Insel im Süden.

Spätestens wenn Sie im Mond- und Sternenschein mit ihr an einem einsamen Strand entlanggehen, fällt Ihnen auf, daß Ihre Skorpion-Traumpartnerin eine unendlich romantische Sehnsucht in sich trägt. Ihre Seele will genauso begehrt sein wie ihr Körper. Sie müssen also die Persönlichkeit einer Skorpion-Frau bis in ihre Tiefen erforschen, um ihr wirklich nahezukommen, behutsam, Schritt für Schritt. Treten Sie ihr aber nie zu nahe, etwa indem Sie sie aushorchen. Denn ihre Privatsphäre will sie nicht angetastet wissen.

Wundern Sie sich nicht, wenn die Skorpion-Frau die Kunst des Verführens besser beherrscht als Sie (wenn Sie nicht selbst ein Skorpion sind). Vergessen Sie nicht, daß sie die gleiche Hingabe von Ihnen erwartet, mit der sie sich Ihnen hingibt. Lügen oder Halbwahrheiten durchschaut sie erstaunlich schnell. Riskieren Sie niemals, daß sie von ihrem Stachel Gebrauch macht, etwa indem Sie mit einer ihrer Freundinnen flirten. Sie wird Ihnen – vielleicht – vergeben, aber sie wird es mit Sicherheit nie vergessen.

Jo Hanns Rösler

Die Dame aus der Morgenzeitung

Bruno Bauer hat Glück im Leben gehabt. Bruno Bauer hat eine schöne Stellung, ein nettes Einkommen, ein kleines Haus am Stadtrand, ein wenig Geld auf der Sparkasse, einen guten Arzt, den er nicht braucht, und auch sonst noch allerlei Dinge, die das Leben verschönern. Nur in einem Punkt hapert es bei Bruno. Und das ist die Liebe.

Bruno Bauer hat kein Glück bei Frauen. Wenigstens glaubt er es. Er hat es noch nie ernstlich versucht. Bruno Bauer geht nicht tanzen, eislaufen, Ski fahren, rodeln, segeln, rudern, schwimmen, Tennis spielen und spazieren, er geht nicht in die Oper und in die Kirche, auf kein Weekend und auf kein Fußballmatch, zu keiner Gerichtsverhandlung, zu keiner Versammlung oder wie sonst die Orte alle heißen mögen, wo die anderen Männer hingehen, um eine Frau kennenzulernen. Dabei ist Bruno Bauer des Alleinseins ernstlich müde. In ein trautes Heim gehört eine vertraute Frau. An einem Radioapparat können für dasselbe Geld zwei hören, aus einem Fenster können zwei die gleiche Aussicht betrachten und an einem Ofen wärmen sich zwei Menschen leichter als einer. Und so beschloß Bruno Bauer, einen Ehestand zu gründen.

Er inserierte in der Morgenzeitung:

«Gebildeter Herr in fixer Stellung sucht passende Dame zur Ehe. Vermittler Papierkorb. Unter: Mein Wunsch!»

Acht Tage später waren zweitausendzweihundertzweiundzwanzig Briefe eingelaufen. Sogar eine Karte aus Schottland war darunter. In roten, gelben, grünen, grauen, blauen, braunen, schwarzen und weißen Umschlägen lagen ausführliche Beschreibungen, verhaltene Wünsche, vergilbte Bilder aus alten Jahren, Locken, Kleeblätter, Hufeisen, Holzspäne, Wacholder, Vergißmeinnicht, Lavendel, Liebesbriefe von vorher und Versprechungen für nachher. Mit roter, blauer und grüner Tinte geschrieben. Mit Tränen der Sehnsucht benetzt. Mit Küssen der Leidenschaft beschwert. Ein Rougemund als Unterschrift. Ein ausgeschnittenes rotes Herz als Vignette. Mit Zaubersprüchen und Stammbuchversen. Mit Ewigdein und Ewigmein.

Bruno Bauer erledigte diese Riesenkorrespondenz in sieben Nachtschichten. Eine schlichte liebe Kinderschrift trug den Sieg davon. Diese Frau mußte begehrenswert sein. Vielleicht war sie noch sehr jung, vielleicht sogar sehr schön. Bruno Bauer schrieb einen Brief. In knappen, logischen Worten bat er die Unbekannte um ein Stelldichein. Sein Herz klopfte, als er den Brief in den Kasten warf.

Am nächsten Morgen kam die Antwort:

«Erwarte Sie heute acht Uhr im Grabenkaffee. Kennzeichen: ich rühre den Kaffee um. Die Dame aus der Morgenzeitung.»

Bruno Bauer besah sich noch einmal im Spiegel und trat ein wenig unsicher durch die Drehtür des Kaffeehauses. Es waren noch fünf Minuten vor der Zeit. Aber die Dame war schon da. Schräg gegenüber dem Eingang saß sie. Als Bruno Bauer eintrat, ergriff sie sofort den Löffel und rührte im Kaffee. Bruno Bauer trat zum Tisch.

«Gestatten?»

Mit einer Verbeugung bat er, Platz nehmen zu dürfen. Dann nannte er seinen Namen. Die Dame lächelte. Ihr Lächeln war wunderschön.

Fünf Minuten später waren sie bereits gute Freunde.

«Wir sollten nicht so lange warten», sagte Bruno Bauer, «je früher wir heiraten, desto besser. Eigner Herd ist Goldes wert.»

Edith lachte. Er wußte schon, daß sie Edith hieß.

«Einverstanden?» drängte er.

Sie schüttelte den Kopf:

«Wir kennen uns doch noch gar nicht. Wollen wir uns nicht lieber erst ein wenig verloben?»

Aber Bruno Bauer wollte davon nichts wissen:

«Was du heute kannst besorgen, das verschiebe nicht auf morgen!»

Und damit begannen sie sich du zu sagen und vier Wochen später war die Hochzeit. Die Ehe war restlos glücklich. Edith war jung, schön, treu und verwöhnte ihren Mann auf das zärtlichste. Sogar ein Kind ihm zu schenken bereitete sie sich vor.

Eines Abends kam Bruno Bauer nach Hause.

Edith stand in der Tür. Ohne Gruß. Ohne Lächeln. Sie hielt einen Brief.

«Du betrügst mich! Du betrügst mich!»

Bruno stand starr. Seine Frau zu betrügen fiel ihm nicht einmal im Schlaf ein.

«Aber —»

Sie reichte ihm den Brief:
«Da lies selbst – der Brief ist heute gekommen –»
Und Bruno Bauer las:

«Werter Herr! Nach langem Nachdenken habe ich mich doch noch entschlossen, Ihnen meine Meinung zu sagen. Als ich auf Ihr Inserat antwortete, schrieben Sie mir einen scheinheiligen Brief, daß man meinen konnte, es mit einem anständigen Menschen zu tun zu haben. Und dann kommen Sie nicht einmal zum vereinbarten Rendezvous? Ich bin schon eine ältere Person und keine dumme Gans! Und daß Sie mich eine volle Stunde im Kaffeehaus sitzen und im Kaffee rühren lassen, das ist eine Gemeinheit! Das mußte Ihnen sagen

                    die Dame aus der Morgenzeitung.»

Katherine Mansfield

Das Luftbad

Ich glaube, es sind die Schirme, die uns so lächerlich aussehen lassen.

Als ich das erstemal ins «Gehege» zugelassen wurde und meine Badekurgenossinnen sozusagen splitternackt herumwandeln sah, fand ich, daß die Schirme eindeutig an die Bilder vom «Kleinen Schwarzen Sambo» erinnerten.

Ein grünes Baumwolldach mit einem roten Papageiengriff über sich zu halten, wenn man mit nichts bekleidet ist, was größer als ein Taschentuch ist, macht jede Würde lächerlich. Bäume gibt es nicht im Luftbad. Es rühmt sich einer Anzahl leerer Holzzellen, einer Badebude, zweier Schaukeln und zweier Keulen – deren eine vermutlich das abhanden gekommene Eigentum des Herkules oder des deutschen Heeres ist, während die andre unbesorgt in der Wiege benutzt werden kann.

Und dort nehmen wir bei Wind und Wetter unser Luftbad – wandern herum oder sitzen in kleinen Gruppen beisammen und plaudern über unsre allseitigen Unpäßlichkeiten und Ausmaße und Gebresten, denen das Fleisch unterworfen ist. Eine hohe Bretterwand schließt uns ringsherum ein; die Tannen blicken ein wenig hochmütig darüber hinweg und stoßen einander mit dem Ellbogen an – eine Manier, die einer *débutante* sehr auf die Nerven fällt. Jenseits der Wand ist auf der rechten Seite die Abteilung für Männer. Wir hören, wie sie Bäume umhacken und Bretter durchsägen, schwere Gewichte auf den Boden fallen lassen und mehrstimmig singen. Ja, sie nehmen es viel ernster.

Am ersten Tag mußte ich dauernd an meine Beine denken und ging dreimal in meine Zelle, um auf die Uhr zu schauen, aber als eine Frau, mit der ich drei Wochen lang Schach gespielt hatte, mich glatt übersah, faßte ich Mut und schloß mich einer Gruppe an. Wir lagen mit angezogenen Beinen auf dem Boden, während eine ungarische Dame von gewaltigen Proportionen uns erzählte, was für ein schönes Grab sie für ihren zweiten Mann gekauft hatte.

«Es ist eine Gruft», sagte sie, «mit einem hübschen schwarzen Gitter und so groß, daß ich hinuntersteigen und unten herumgehen kann. Von beiden sind die Fotografien dort, mitsamt zwei sehr schönen Kränzen, die der Bruder meines ersten Mannes mir geschickt hat. Auch eine Vergrößerung von einem Familienbild ist da und eine bunt ausgemalte Widmung, die mein erster Mann zu seiner Hochzeit erhielt. Ich bin oft dort; an einem schönen Samstagnachmittag ist es ein angenehmer Ausflug.»

Plötzlich legte sie sich längelang auf den Rücken, schöpfte sechsmal tief Atem und setzte sich wieder hoch.

«Der Todeskampf war grauenhaft», erzählte sie strahlend, «beim zweiten, meine ich. Der erste wurde von einem Möbelwagen überfahren, und fünfzig Mark wurden ihm aus der Tasche seiner neuen Jacke gestohlen. Aber der zweite starb siebenundsechzig Stunden lang. Die ganze

Zeit habe ich nicht zu weinen aufgehört, auch nicht, als ich die Kinder zu Bett brachte.»

Eine junge Russin mit Ponyfransen auf der Stirn wandte sich an mich.

«Können Sie Salomes Tanz?» fragte sie. «Ich kann ihn.»

«Wie entzückend», sagte ich.

«Soll ich ihn jetzt tanzen? Möchten Sie mir zuschauen?»

Sie sprang auf, vollführte während der nächsten zehn Minuten eine Reihe der erstaunlichsten Verrenkungen und hielt dann keuchend inne und flocht ihr langes Haar.

«Ist es nicht fein?» fragte sie. «Und nun transpiriere ich so herrlich. Ich geh' jetzt ein Bad nehmen!»

Mir gegenüber lag eine Frau auf dem Rücken und hatte die Arme über dem Kopf verschränkt. Sie war so braun, wie ich noch nie jemanden gesehen hatte.

«Wie lange sind Sie heut schon hier?» wurde sie gefragt.

«Oh, ich bleibe jetzt immer den ganzen Tag hier», antwortete sie. «Ich mache meine eigene Kur und lebe gänzlich von rohem Gemüse und Nüssen, und ich spür's, wie mein Geist von Tag zu Tag kräftiger und reiner wird. Was kann man schließlich anders erwarten? Die meisten von uns gehen mit Schweinemolekülen und Ochsenfasern im Gehirn umher. Ein Wunder, daß die Menschheit so gut ist, wie sie ist. Ich lebe hier von einfacher, natürlicher Nahrung» – sie deutete auf einen kleinen Beutel neben sich –, «ein Salatkopf, eine Mohrrübe, eine Kartoffel und ein paar Nüsse sind reichlich für eine vernünftige Ernährung. Ich wasche sie unter dem Wasserhahn und esse sie roh, wie sie von der harmlosen Mutter Erde kommen: frisch und unverseucht.»

«Nehmen Sie den ganzen Tag nichts anderes zu sich?» rief ich.

«Wasser. Und vielleicht eine Banane, wenn ich nachts aufwache.» Sie drehte sich um und stützte sich auf den einen Ellbogen. «Sie überessen sich fürchterlich!» sagte sie. «Schandbar! Wie können Sie erwarten, daß die Flamme des Geistes unter soviel Schichten überflüssigen Fleisches strahlend brennt?»

Ich wünschte, sie würde mich nicht so anstarren, und dachte daran, wieder in meine Zelle zu gehen und auf die Uhr zu schauen, als ein kleines Mädchen, das eine Korallenkette trug, sich uns anschloß.

«Die arme Frau Hauptmann kann heute nicht kommen», sagte sie. «Ihr Körper ist übersät mit roten Pusteln – von ihren Nerven. Sie war gestern ganz aufgeregt, nachdem sie zwei Postkarten geschrieben hatte.»

«Eine zarte Frau», meinte die Ungarin, «aber liebenswürdig. Stellen Sie sich vor, sie hat für jeden ihrer Vorderzähne eine besondere Platte! Aber sie dürfte ihre Töchter nicht in so kurzen Matrosenkleidern herumlaufen lassen! Wenn sie auf Bänken sitzen, schlagen sie die Beine auf eine geradezu schamlose Manier übereinander. Was werden Sie heut nachmittag machen, Fräulein Anna?»

«Ach», sagte die Korallenkette, «der Herr Oberleutnant hat mich aufgefordert, mit ihm nach Landsdorf zu gehen. Er muß Eier kaufen, die er seiner Mutter mitbringen will. Er spart einen Groschen an acht Eiern, weil er die richtigen Bauern kennt, mit denen man handeln kann.»

«Sind Sie Amerikanerin?» fragte die Rohgemüsedame und wandte sich mir zu.

«Nein.»

«Dann sind Sie Engländerin?»

«Eigentlich kaum...»

«Sie müssen eins oder das andre sein; da hilft Ihnen

alles nichts. Ich habe Sie wiederholt allein gesehen, wie Sie spazierengingen. Sie tragen Ihr . . .»

Ich stand auf und stieg auf die Schaukel. Die Luft war würzig und kühl und sauste an meinem Körper entlang. Über mir segelten weiße Wolken zierlich über den blauen Himmel. Der Tannenwald verströmte einen herben Geruch, und die Äste schlugen im Gleichmaß aneinander und rauschten ernst. Mir war so leicht und frei und glücklich zumute – als wäre ich ein Kind! Ich wollte der Gruppe auf dem Rasen, die jetzt näher zusammengerückt war und bedeutungsvoll tuschelte, meine Zunge herausstrecken.

«Vielleicht wissen Sie nicht», rief mir eine Stimme aus einer Zelle zu, «daß Schaukeln für den Magen sehr ungesund ist? Eine meiner Freundinnen konnte drei Wochen lang kein Essen bei sich behalten, nachdem sie ihren Magen so gereizt hatte.»

Ich ging in die Badebude und ließ mich mit dem Schlauch abspritzen.

Während ich mich ankleidete, klopfte jemand an die Wand. «Wissen Sie auch», sagte eine Stimme, «daß im Luftbad nebenan ein Mann *wohnt*? Er gräbt sich bis zu den Achselhöhlen in Schlamm ein und weigert sich, an die Dreifaltigkeit zu glauben.»

Die Schirme im Luftbad sind ein wahrer Segen! Wenn ich jetzt hingehe, nehme ich immer meines Mannes alte Mußspritze mit und setze mich in eine Ecke und verstecke mich dahinter.

Nicht etwa, daß ich mich wegen meiner Beine schämte – nicht die Spur!

Sinnlichkeit im Zeichen des Skorpions

Die Skorpion-Frau – eine Femme fatale

Die Skorpion-Frau könnte ein Buch darüber schreiben, wie eine Frau sich bewegen, reden und aussehen muß, wenn sie einen Mann bezaubern will. Kaum einer kann sich ihrer erotischen Ausstrahlung entziehen.

Wenn sie einem attraktiven Mann begegnet, weiß sie genau, wie sie ihn aus der Herde auszusondern hat, und es dauert nicht lange, bis er so geblendet ist, daß er keine andere Frau mehr sieht. Er ist wohlberaten, wenn er sich nicht wehrt. Es wird kein Seilziehen geben, sondern es handelt sich um unwiderstehliche Kraft auf der einen und um einen leichtbeweglichen Gegenstand auf der andern Seite. Mag sie auch nicht besonders hübsch sein, der Blick ihrer hypnotischen Augen ist bannend. Der Mann erfährt, wie sich das Kaninchen fühlt, wenn es von einer Kobra hypnotisiert wird.

Einen geizigen Gefährten mag sie nicht. Sie möchte stets erster Klasse fahren, und man tut gut daran, ohne Wimpernzucken zu bezahlen. Der Mann darf nicht zeigen, daß ihn die Nachlässigkeit, mit der sie mit seinem Geld umgeht, bestürzt. Sonst sind er und sein Geld bald vergessen.

Sie hat genügend Tatkraft für mehrere Frauen. Sie arbeitet und spielt gern hart. Bei jeder Tätigkeit neigt sie zum Exzeß. Sie kann faszinierend, aber auch ermüdend sein. Langweilen wird man sich nie mit ihr, doch sich vielleicht nach einem ruhigeren, friedlichen Dasein sehnen.

Sie nimmt die Liebe ernst. Wie der Skorpion-Mann ist sie ihren Leidenschaften ausgeliefert. Aber ihre Leidenschaft fürs Leben besteht unabhängig vom Mann.

Sie ist ein kluges Köpfchen und mit erheblicher Intuition begabt. Überkritisch und abschätzend unterzieht sie sowohl ihre Freunde als auch ihre Liebhaber einer längeren Prüfung, bevor sie sie in ihr Leben einbezieht. Sie durchschaut die Beweggründe anderer, während sie selbst undurchdringlich bleibt. Ihr wahrer Charakter ist nicht leicht zu ergründen und kann unter Umständen immer ihr Geheimnis bleiben.

Sie ist eigensinnig und will ihren Kopf durchsetzen. Hartnäckig verfolgt sie ihr geheimes Ziel, indem sie jeden Schritt vorausplant und nicht lockerläßt, bis sie es erreicht hat. Es erfordert Willenskraft und äußerste Entschlossenheit, sich ihr zu widersetzen, denn sie weiß, was sie will, und erreicht es mit nie erlahmender Kraft. Sie läßt sich weder ablenken, noch ist sie bereit, sich veränderten Umständen anzupassen.

Eine Warnung: Wenn ihr Gefühlsleben frustriert wird, kann sie rachsüchtig und destruktiv werden. Die betrogene Skorpion-Frau ist ein höchst gefährlicher Feind. Wenn sie sich an einem Menschen rächen will, der ihr Vertrauen getäuscht hat, kennt sie keine Skrupel. Sie will den Elenden nicht nur bestrafen, sondern auch demütigen und degradieren.

Eifersucht ist ihr schlimmster Fehler. Sie erwartet von

ihrem Geliebten, daß er seine ganze Bewunderung ihr vorbehält. Sie findet Rivalinnen und Intrigen, wo es gar keine gibt. Wenn ihr Begleiter auf einer Gesellschaft ein paar Minuten mit einer attraktiven Frau unter vier Augen spricht, wittert sie bereits Verrat und handelt dementsprechend. Sie ist nicht der Typ, der still dabeisteht und vorgibt, nichts gesehen zu haben. Sie braust als rächende Furie los.

Sie verachtet Schwäche, verachtet jeden, der unter Druck nachgibt. Für solche Menschen hat sie das Mitleid eines Mittelstürmers, der jede Bresche in der Verteidigung des Gegners entdeckt. Wer ihr nahebleiben will, muß etwas einstecken können.

In wohlgesonnener Stimmung behandelt sie ihren Geliebten fürstlich. Aber wenn ihre Laune umschlägt – und das wird der Fall sein –, piesackt sie ihn bis aufs Blut. Bei Streitigkeiten macht sie sich laut Luft. Wenn der Zwist nicht vor dem Abschied beigelegt worden ist, hüte man sich, sie am nächsten Tag anzurufen, als ob nichts geschehen wäre. Man wird sich vorkommen, als wäre man falsch verbunden.

In einem Punkt kann man sicher sein: Sie ist dem Mann, den sie liebt, gefühlsmäßig zutiefst zugetan und ihm unverbrüchlich treu. Sie bringt jedem, der ihre Zuneigung errungen hat, große Opfer. Wenn ein Mann ihr auf halbem Weg entgegenkommt, gehört sie ihm für immer.

Die Skorpion-Frau ist eine treue Geliebte, die den Auserkorenen vor aller Welt verteidigt, unter den schwersten Umständen für ihn kämpft und sich den Teufel darum kümmert, was andere über ihn sagen oder von ihm denken. Aber er darf nicht wanken und nicht weichen, sonst wendet sie sich gegen ihn.

Eine Ehe mit ihr? Wie man sich wohl vorstellen kann, wird sie der Himmel oder die Hölle sein. Einen Mittelweg gibt es nicht. Man merke sich: Dies ist das extremste Zeichen des Tierkreises. Sie ist eine großformatige Frau. Schwachherzige gehen ihr besser aus dem Weg.

Kein Zeichen ist sinnlicher als der Skorpion.

Da die Skorpion-Frau durch und durch erotisch und anspruchsvoll ist, braucht sie zur vollständigen Erfüllung einen ebenbürtigen Partner. Wenn ein Mann sie interessiert, verfolgt und verführt sie ihn entschlossen, und sie läßt ein Nein nicht gelten.

Die animalische Anziehungskraft des Skorpion-Mannes

Der Mann, der im Zeichen des Skorpions geboren ist, ist leidenschaftlich, emotionell, unberechenbar. Sein Wesen wird von seinen Begierden bestimmt, und um sie zu stillen, nimmt er jede Herausforderung an, stellt er sich jedem Hindernis. Er rechnet auch nicht mit den Folgen. Mögen andere ihn einen herzlosen Don Juan nennen, ihre Meinung hemmt seine ruhelose Suche nach Liebesabenteuern nicht.

Es ist leicht zu verstehen, warum die Menschen von ihm angezogen werden wie Stahlspäne von einem Magneten. Sie reagieren auf seine geradezu hypnotische Sinnlichkeit. Er vereint zu gleichen Teilen Charme und Charakterstärke. Er scheint so viel Tatkraft zu haben, daß er sie an die Atmosphäre abgibt. Sie umgibt ihn wie ein Nimbus, wo er geht und steht.

Für eine Frau ist es jedoch gefährlich, einem Skorpion-Mann allzu nahe zu kommen. Seine schwelende Sinnlichkeit kann völlig unerwartet explodieren. Er gibt sich kaum Mühe, sie zu beherrschen. Zurückhaltung ist ein Wort, das er nicht kennt. Wer flirten will, ohne die Folgen auf sich zu nehmen, der bleibe diesem Mann fern. Er müßte ein Schild «Achtung Hochspannung» um den Hals tragen.

Ein Liebeserlebnis mit ihm kann in größte Höhe der Leidenschaftlichkeit oder in Verderbnis führen. Die Frau, die von einem Skorpion-Mann begehrt wird, kann sich entweder freuen oder hat einiges zu befürchten. Nichts wird ihn von der Verfolgung seines Zieles abhalten, denn er ist das Opfer seiner Begierde.

Der Skorpion-Mann vergißt nie eine Freundlichkeit, verzeiht nie eine Beleidigung, und wird er verletzt, so sinnt er auf Rache. In seine zwischenmenschlichen Beziehungen mischen sich gewöhnlich Streit und Hader, und er kann manchmal gewalttätig werden. Er schafft sich allzu leicht Feinde – doch mögen sie vor ihm auf der Hut sein! Bei jedem Konflikt ist er ein Gegner, vor dem man sich in acht nehmen muß. Er ist heftig, halsstarrig und nachtragend. Wer es mit einem Skorpion zu tun bekommt, muß darauf gefaßt sein, außerordentliche Anstrengungen zu unternehmen, um den Frieden zu wahren. Barmherzigkeit ist nicht Sache des Skorpions, ebensowenig der Ausweg eines Kompromisses. Man überlege es sich zweimal, bevor man ihn zum Kampf herausfordert, denn er kämpft wirklich auf Leben und Tod. Bei einem Streit setzt er alles aufs Spiel, das heißt, er spielt um alles oder nichts – soll der Teufel den Verlierer holen!

Seine Beweggründe scheinen kompliziert und mysteriös zu sein, denn seine Persönlichkeit hat eine verborgene, geheime Seite. Er ist dynamisch und anmaßend, steht aber treu zu seinen Freunden. Er möchte unabhängig sein, braucht aber einen Menschen, an den er sich anlehnen kann. Obwohl er selbst in emotioneller Hinsicht labil ist, verachtet er Schwäche bei andern.

Er neigt dazu, seine Tatkraft in Vergnügungen zu vergeuden, in die er sich Hals über Kopf stürzt, und er kann sogar alkohol- oder drogensüchtig werden. Immerhin hat er eher als andere die Möglichkeit, seine Sucht zu überwinden, weil er über ungeheure Willenskraft und Entschlossenheit verfügt.

Arbeit ist für ihn wichtig. Anstrengende körperliche Tätigkeit liebt er zwar nicht, aber er hat eine ungewöhnliche Fähigkeit, sich zu konzentrieren, eine lebhafte Phantasie, großen Mut und Unternehmungsgeist – Eigenschaften, die meistens Erfolg bedeuten. Außerdem ist er in finanziellen Dingen praktisch. Niemand kann ihn zu einer Spekulation überreden, und er läßt sich nicht übers Ohr hauen.

Doch zu seinem Nachteil geht er Probleme gern blitzschnell an, worauf er sie sich aus dem Kopf schlägt. Manchmal ist das Problem dann nicht vollständig gelöst.

In Herzensangelegenheiten läßt er ein Nein einfach nicht gelten. Er erwartet, daß der andere sich völlig seinen Bedürfnissen unterwirft. Tut er das nicht, macht er unbarmherzig Schluß.

Skorpion-Männer können hinterlistig, selbstsüchtig und gewissenlos sein. Ihrer Ansicht nach untersteht die Leidenschaft ihrem eigenen Gesetz. Es drängt sie nach Herrschaft, nach vollständiger Beherrschung der Libido und der Emotionen.

Für den Skorpion ist Liebe ein Spiel, das ihm größte Erfolgschancen bietet. Er genießt zwar die Jagd, interessiert sich aber nur für die Frau, die von anderen auch begehrt wird. Man kann einen Skorpion wild vor Eifersucht machen – doch das geschieht auf eigene Gefahr.

Der Skorpion-Mann ist lustbetont und sinnlich. Jedes Zusammensein wird das Höchstmaß an Wonne bieten. Er beginnt beim hohen C und spielt die ganze Tonleiter herunter. Vom ersten Kuß an merkt man, daß er es ernst meint. Er geht schnurstracks auf sein Ziel los.

So fängt man's an

Ungeteilte Aufmerksamkeit ist entscheidend

Für den Umgang mit Skorpion-Geborenen gibt es definitive Richtlinien. Regel Nummer eins: Der Skorpion ist unbedingt ernst zu nehmen. Sein Stolz spricht auf Schmeichelei und uneingeschränkte Aufmerksamkeit an. Einerlei, was er auch sagt, man sollte ihm nicht zu stark widersprechen. Das heißt aber nicht, ein Heuchler sein. Skorpione haben ausgesprochene intuitive Kräfte, die fast ans Okkulte grenzen, und können die wahren Gedanken erspüren. Doch obwohl sie sich nicht täuschen lassen, hören sie gern Schmeichelhaftes.

Man knausere also der Skorpion-Frau gegenüber nicht mit Bemerkungen über ihr hübsches Kleid (das meistens herausfordernd ist, weil sie Aufmerksamkeit erregen möchte), über ihr gutes Aussehen und über ihre anregende Konversation. Wenn der Skorpion-Mann scherzt, darf gelacht werden; er wäre beleidigt, wenn er kein Echo fände. Über seine Fehler sollte man hinwegsehen. Noch besser ist es, sie als Tugend hinzustellen: «Ich mag Männer, die wissen, was sie wollen», oder: «Gegen Ihre Intelligenz kommt man nicht an.»

Es wäre nicht ratsam, einen Theaterbesuch, einen Ausflug oder die Teilnahme an einer ausgelassenen Party vorzuschlagen. Der Skorpion liebt eigene vier Wände. Ein besseres Programm ist es, zu Hause zu sitzen und seine Lieblingsplatten anzuhören.

Er muß immer um Rat gefragt werden. Niemals etwas vorschlagen, das dem Skorpion nicht zusagt! Es ist schwierig genug, die Beziehung im Gleichgewicht zu halten. Man geht am besten von der Voraussetzung aus, daß der Skorpion alles ein wenig besser weiß als die andern Leute; damit ist seine Zuneigung zu erringen.

Man muß ihn liebevoll behandeln. Er braucht viel Liebe und gibt sie dann auch zurück. Vor allem aber mag dem Skorpion, ob Frau oder Mann, ausschließliche Aufmerksamkeit geschenkt werden, sonst wird er verärgert und eifersüchtig. Man gehe auf alle seine Pläne ein. Er liebt es nicht, wenn sie durchkreuzt werden, und erlaubt höchstens eine ganz kleine Abweichung.

Wer mit einer Skorpion-Frau ausgeht, zeige sich großzügig. Wird man von ihr eingeladen, so darf ein Mitbringsel nicht vergessen werden. Der beste Champagner ist gerade gut genug. Viele Skorpione haben eine Vorliebe für Hummer.

Wer einen Skorpion-Mann für sich gewinnen will, sollte herausfordernd auftreten, mit einem Kleid, das die Figur bestmöglich zur Geltung bringt, mit einem betäubenden Parfüm. Man merke sich, daß es verkehrt ist, sich einem Skorpion gegenüber spröde oder schüchtern zu verhalten.

Geschenke? Am besten exotischer Schmuck, etwa ein mexikanisches oder afrikanisches Amulett. Der Skorpion schmückt sich gern. Für sie kann es etwas Gewagtes von leuchtendroter Farbe sein; für ihn ein auffallender Gürtel oder ein aparter Schal. Der Topas gilt als Glücksstein des

Skorpions, und das sollte bei der Geschenkwahl berücksichtigt werden.

Um den Skorpion in romantische Stimmung zu bringen, hilft eine verführerische Atmosphäre: Räucherduft, Blumen, elegische Musik.

Valerij Brjussow

Frühe Liebe

Ich erzählte ihm von meiner ersten Liebe. Hierauf schwiegen wir lange. Schließlich begann er leise, als redete er mit sich selber, zu sprechen:

«Nein, meine erste Liebe war anders. Genauer gesagt, es war überhaupt keine Liebe dabei, es war Haß. Ich war damals sechzehn. Den Jahren nach war ich kein Knabe mehr. Jedoch ich war zu Hause aufgezogen worden, nur von Frauen umgeben, ich besuchte weder eine Schule noch ein Gymnasium. Deswegen war mir auch das Leben absolut fremd, ich war schüchtern, verlegen und stets in mich selber versponnen. Im übrigen las ich viel und träumte auch viel.

Im Winter hatte ich eine ziemlich gefährliche Krankheit zu überstehen, und die Ärzte rieten im Frühjahr, mich in den Süden zu schicken, in die Krim. Vater bestand darauf, daß ich ohne Begleiter zu reisen habe. In der Krim sollte ich in Sudak leben, bei einem Verwandten, Nikolai Nikolajewitsch, der dort seine Villa hatte. Seine Frau hieß Antonina. Dieser Frau, die damals bereits die Dreißig überschritten hatte, sollte ich meine ersten Liebesschwüre weihen. Aber ich wiederhole, ich haßte sie.

Unser Roman begann gleich am ersten Tag unserer Begegnung. Ich weiß noch, ich kam müde an, trunken von dieser Müdigkeit und von all dem Neuen, das sich mir aufgetan hatte: vom Meer, von der Welt der Berge und von der Luft des Südens. Antonina aber führte mich, kaum daß sie mir erlauben wollte, Tee zu trinken, gleich in die Berge. Inmitten der vielfarbigen Klippen, der phantastisch verkrüppelten Fichten und der Frühlingskrokusse fühlte ich mich ganz der Natur verbunden. Antonina kam mir mehr wie ein Kamerad vor, wenn auch wie ein Elementargeschöpf, wie eine Waldfrau.

Abends schritten wir beide zum Meer hinab. Der Mond schien. Seine Strahlen lagen im Wasser und spielten dort gleich tausend gleitenden Schlangen, die unaufhörlich ihre flimmernden Ringe ineinander und auseinander wanden. Eine ferne Bergwand schien dicht ans Ufer herangerückt und schirmte die ganze übrige Welt ab. Es war, wie wenn wir in einem Märchentraum eingefangen wären. Hier war alles erlaubt, alles war schön. Wir setzten uns unmittelbar an der Brandung auf einen Stein. Ich faßte Antoninas Hände und küßte ihre Augen und ihre Lippen, da dies allem, was in mir war, aber auch allem, was uns umgab, zu entsprechen schien. Als Antwort auf meine Küsse lachte sie leise.

Als wir am Morgen des folgenden Tages zum Kaffee kamen, gab es bereits ein Geheimnis zwischen uns. Antonina schien mir nicht mehr jung zu sein und sogar häßlich. Nichts zog mich zu ihr. Indes kaum schenkte sie mir ein Lächeln, da konnte ich nicht anders, als darauf zu erwidern. Beim Kaffee plauderte ich mit Nikolai Nikolajewitsch über die Verwandten. Als er jedoch fortgegangen war, fragte mich Antonina:

‹Ich liege morgens stets in der Hängematte, wollen Sie mir vorlesen?›

Ein unklares Gefühl riet mir, dies abzulehnen, doch ich entgegnete in der Tonart des gestrigen Abends:

‹Glauben Sie etwa, daß ich irgend etwas anderes wünschen könnte?›

Diese Antwort entschied mein Schicksal.

In der Musik hängt von der Wahl der Tonart stets das Ganze ab. Die ersten Worte bestimmen immer die Richtung des Gespräches. Unsere ersten Handlungen in einem neuen Milieu bestimmen unser weiteres Verhalten. Die Rolle des verliebten Pagen, die ich nur für eine Stunde auf mich genommen, machte mich jetzt zum Sklaven. Ein eigentümliches Empfinden gestattete mir von der Minute ab, kein Wort mehr zu sprechen und nichts anderes zu tun, als lauter Dinge, die von mir gewählte Rolle durchzuhalten. Dies wurde natürlich auch von dem Feingefühl des Künstlers diktiert, das ihm verbietet, eine Melodie durch eine Dissonanz zu unterbrechen, Worte in ein Gedicht zu fügen, die dem Stil des Ganzen widersprechen, oder auf eine Leinwand Farben nebeneinander zu setzen, die miteinander nicht harmonieren.

Mit jenem Tag begann meine Sklaverei.

Ich trennte mich fast nicht mehr von Antonina. Ich war immer bemüht, ihren flüchtigen Wünschen zuvorzukommen: ihr Blumen zu bringen, einen Fächer oder einen Sessel ... Wenn Antonina sich entfernte, folgte ich ihr beständig mit den Augen: es war mir bewußt, daß sie sich umwenden und triumphierend meinen Blick registrieren würde. Wenn sie in ihrem Zimmer war, setzte ich mich im Garten unter eine Platane und richtete den Blick auf ihr durch einen Vorhang verhülltes Fenster. Wenn wir allein waren, flehte ich sie um Erlaubnis an, ihre Hand küssen zu dürfen.

Allein, wie haßte ich Antonina wegen dieses Sklaventums!

Jeden Abend schwor ich mir, wenn ich mich schlafen legte, daß ich am nächsten Tag befreit aufstehen wolle. Wenn ich aber morgens Antoninas ersten Blick empfing, geriet ich hoffnungslos in den Kreis der vorigen Worte und vorigen Handlungen. Es gebrach mir an Willenskraft, diese feste Kette zu zersprengen. Gleich einem Stier bot ich meinen Nacken willig dem Joch der eigenen Lüge dar.

Übrigens machte ich bereits an einem der ersten Tage den Versuch, zu fliehen. Ich stand vor Sonnenaufgang auf, ging in den Wald und verbrachte dort den ganzen Tag, mich an Freiheit berauschend. Doch dann kam der Abend. Man mußte zurückkehren. Als ich mich dem Pförtchen unserer Villa näherte, fühlte ich, daß ich mich in die Sklaverei zurückbegebe. Gleich einem erwischten Ausreißer betrat ich den Garten.

Antonina saß auf der Terrasse. Sie sah mich mit Absicht nicht an. Sie wollte mich bestrafen. Wie glücklich wäre ich gewesen, wenn diese Strafe sich ins Unendliche ausgedehnt hätte! Das gleiche künstlerische Empfinden aber soufflierte mir, daß ein verliebter Page sich seiner Herrin nähern und daß er bereuen und um Vergebung bitten müsse.

Als der rechte Zeitpunkt da war, tat ich das. Ich sagte zu Antonina:

‹Ich beabsichtige, vor meiner Liebe zu fliehen. Aber ich habe noch klarer erkennen müssen, daß nicht sie in mir lebt, sondern ich in ihr. Die Liebe zu Ihnen, das ist mein Horizont. Wohin immer ich gehen könnte, mein Herz wird immer in seinem Zentrum bleiben.›

Bald darauf besuchten uns zwei junge Offiziere für einige Tage. Insgeheim nährte ich den Traum, daß Antonina sich in einen von ihnen verlieben oder zum mindesten seine Huldigungen den meinen vorziehen werde. Vor den Augen der anderen aber spielte ich den Eifersüchtigen und bekundete eine dreiste, geradezu knabenhafte Eifersucht. Nach einem solchen Ausbruch jagte mich Antonina fort.

‹Weg von mir, und wagen Sie es nicht, unter meine Augen zu treten!›

Ich spielte den Verzweifelten. Selber aber lief ich fort und zitterte geradezu vor Glück. Die zwei Tage der Ungnade waren für mich die glücklichsten Tage in der Krim. Danach verzieh mir Antonina freilich und erlaubte mir aufs neue, mit ihr zu sein. Ich hätte darüber weinen mögen, doch ich gab mir den Anschein, grenzenlos glücklich zu sein.

Sonderbarerweise gefiel mir Nikolai Nikolajewitsch sehr, der Gatte Antoninas. Er war Mathematiker von Beruf, und ich war verliebt in Mathematik. In seinem Landhause befand sich ein gutes Teleskop. Wie beruhigt vermochte ich stets aufzuatmen, wenn es mir einmal gelang, von Antonina zu ihm zu fliehen und mit ihm die flüchtigen Planeten zu betrachten. Von seinen Vorträgen über die verschiedenen Fragen der höheren Mathematik und der Philosophie der Zahlen war ich hingerissen ... Jedoch die Art, wie ich Antonina den Hof machte, war zu grob. Anfangs lachte Nikolai Nikolajewitsch darüber, dann aber begann es ihn offenbar zu ärgern, und er fing an, mich zu meiden.

Mitte Mai gewährte mir Antonina eine Zusammenkunft bei Nacht.

Ich schlich aus meinem Zimmer, meine Schuhe in den Händen tragend. In jener Nacht erkannte ich zum erstenmal, was allen Liebhabern und Dieben bekannt ist: wie unnatürlich laut im nächtlichen Schweigen die Bretter der Fußböden knarren können. Ich harrte auf Antonina im Garten. Frisch und heiter kam sie, wie wenn sie ein morgendliches Bad genommen hätte. Sie lachte über ihren Gatten, der mit ihr im gleichen Zimmer schlief und dennoch nicht gehört hatte, wie sie fortging. Ihr Lachen war mir widerwärtig.

Es war neblig, indes wir stiegen bergan und waren bald höher als der Nebel. Im vollen Dunkel einer Nacht in der Krim wanderten wir über abschüssige und abbröckelnde Pfade. Wenn wir uns umschauten und auf das Meer sahen, war kein Meer mehr da: da gab es nur Himmel, oben mit Sternen und unten ohne Sterne.

Derweil wir so schritten, peinigte mich ein Gedanke: ob Antonina sich mir wie einem Liebhaber hingeben werde. Bei diesem Gedanken zitterte ich vor Entsetzen und Abscheu. Doch als wir uns auf einer Wiese auf dem feuchten Rasen niedergelassen hatten, begann ich, während ich ihre Hände küßte, sie genau um das anzuflehen. Sie lachte leise und verweigerte sich mir. Voller Haß umarmte ich ihren schmiegsamen Leib und schwor ihr meine Liebe. Doch als sie mir dann sagte: ‹Du bist meine kleine Laune›, wäre ich bereit gewesen, sie zu erwürgen.

So verbrachten wir dort einige Stunden. Ich flehte sie an und fürchtete gleichzeitig, daß sie einwilligen würde. Auf mein Flehen lachte sie nur. Als es Zeit wurde, heimzukehren, bat ich sie inständig, noch zu verweilen, mit mir noch einige Minuten, einige Augenblicke zu sein. In Wahrheit aber war es mein leidenschaftlicher Wunsch, bald und möglichst schnell zurückzukehren. Mich quälte der Gedanke, man könnte unsere Abwesenheit bemerken; ich dachte dabei an Antoninas Gatten. Bei der Vorstellung, was er mir sagen würde, wenn er es erführe, und was er von mir denken müßte, geriet ich ganz aus dem Häuschen ... nicht vor Furcht, sondern vor kindischer, fressender Scham.

Als wir uns der Villa näherten und die Hunde uns anbellten, konnte ich mich vor Aufregung kaum aufrecht halten. Im Hause schlief alles. Als ich merkte, daß alles gut abgelaufen war, wollte ich vor Glückseligkeit fast ein Gebet sprechen.

Antonina aber sagte mir beim Abschied:

‹Komm morgen wieder, und ich werde vielleicht nachgiebiger sein ...›

In der Dunkelheit konnte ich ihre Augen nicht sehen, doch sie hatte dabei gewiß listig gelächelt. Und ich hatte das Empfinden, wie wenn mich jemand direkt ins Gesicht geschlagen hätte. Gebückt küßte ich aufs neue Antoninas Hand, wie wenn ich eine selige Verwirrung verbergen müsse.

Schwer zu sagen, was ich fühlte, als ich schließlich mit mir allein war. Es war, als kämpften zwei Wesen in mir. Das eine war von mir selber geschaffen, mein von mir ausgedachtes Ich, ein Ich, das einen künstlich erschaffenen, zum erstenmal verliebten Jüngling darstellte. Das andere aber war mein wirkliches Ich, von diesem Gespenst, von diesem Phantom versklavt und bedrückt. Mein wirkliches Ich schwor voller Ekel die alte lasterhafte Kokette ab; mein erdachtes Ich aber wollte mich triumphieren lassen und meinen nahen Sieg feiern ...

Als ich plötzlich mir dessen bewußt wurde, daß ich bereits nicht nur vor Antonina und vor den anderen, sondern sogar vor mir für mich selber die Rolle des Verliebten zu spielen beginne, überkam mich ein letztes Grauen. Und mir drehte sich fast der Kopf, da ich bereits den Unterschied verloren hatte, wo Wahrheit und wo Lüge sei, wo Wirklichkeit und wo Phantasie ... Das von mir ersonnene Wesen war schon so weit, mein echtes Ich zu verdrängen und zu vernichten. Ich begriff, daß ich dem Untergang nahe sei.

Den ganzen folgenden Tag über fühlte ich mich wie ein Verurteilter. Ich war davon überzeugt, daß es mir an Kraft fehlen werde, zu kämpfen, und daß, wenn Antonina sich in der Nacht mir hingeben würde, ich ihren Körper mit dem ganzen Rausch, den ein Verliebter zu bekunden verpflichtet ist, dessen Verlangen endlich erfüllt wird, besitzen werde. Und gleichzeitig war ich davon überzeugt, daß dieses erdachte und gespenstische Ich sich hierauf für ewig in meiner Seele einnisten würde und daß ich auf ewig mich selber gewissermaßen und mein wirkliches Wesen verlieren müsse ... Ja, ich war sogar schon fast so weit, ans Ufer zu laufen und mich von dort in die abschüssige Tiefe des Schwarzen Meeres hinabzustürzen. Ich sah keinen anderen Ausweg.

So kam die Nacht. Mein Herz pochte. Vorsichtig schlich ich mich wiederum in den Garten. Antonina war noch nicht da. Ich wartete einige Minuten auf sie. Und hierauf faßte ich einen Entschluß. Mich scheu umblickend tappte ich auf die Straße hinaus und floh. Ich lief wie ein Flüchtling. Ich versuchte an nichts mehr zu denken. Ich wußte, wenn ich zu überlegen beginnen würde, daß ich zurückkehren müsse.

So ging ich die ganze Nacht über. In der Frühe bat ich

in einem Tatarendorf um Obdach. Nachdem ich wieder gekräftigt war, ging ich aufs neue weiter. So kam ich zu Fuß nach Feodossija. Ich hatte noch einige Rubel, und so konnte ich nach Moskau fahren.

Als ich zu Hause völlig unverhofft vor meine Angehörigen trat, waren diese entsetzt. Ich glich einem, der aus dem Grabe erstanden war. Am gleichen Tag mußte ich mich aufs neue legen und war lange krank, viele Wochen.

Dies ist es, was ich für meine erste Liebe halte.»

Beruf als echte Berufung

Zwei Möglichkeiten bieten sich dem Skorpion-Typ bei der Berufswahl. Einmal kann er sich unwiderstehlich zu einem Beruf hingezogen fühlen. Um ihn ausüben zu können, wird er nötigenfalls alle Widerstände überwinden. Und er hat recht damit, denn in den meisten Fällen ist der Beruf für ihn eine echte Berufung.

Bedingt durch seine innere Zwiespältigkeit, kann ihm andererseits die Entscheidung aber auch sehr schwerfallen, und er findet nur mit Mühe einen Beruf, der ihn nicht zugleich anzieht und abstößt. In diesem Fall ist die Berufswahl ein wahres Kreuz – bis zu dem Tage, da er genötigt ist, sich unbedingt zu entscheiden. Dann wählt er oft, aus reiner Reaktion, einen andern Beruf als sein Vater.

Er ist wie geschaffen für einen Beruf, der seiner Aggressivität freien Lauf läßt, in dem er sein Ungestüm gegenüber Menschen und Dingen behaupten kann. In seinen Augen ist gerade jener ein schöner Beruf, der Gefahren nicht ausschließt. Das Risiko ist ihm wesensnotwendig. Dabei sind ihm seine Widerstandskraft, seine Ausdauer und seine Beharrlichkeit natürliche Helfer. Nur ein harter Beruf sagt ihm zu. Er rechnet aber auch mit seinem Fingerspitzengefühl, seinem Spürsinn und seinem Einfühlungsvermögen. Daher schreckt er denn auch nicht vor einem Berufsweg zurück, der schwere Verantwortung aufbürdet. Ohne viel Federlesens ist er bereit, eine undankbare Rolle zu übernehmen, sobald er weiß, daß dies für das Ganze notwendig ist.

Berufliche Einordnung

Neigung:
Aggressivität, Männlichkeit, Machtgefühl, Zerstörung, Regeneration

Funktionen:
Fühlen, ahnen, urteilen

Gegenstände:
Seele, Geschlecht, Geheimnisse

Aktion:
Analyse, Forschung, Kritik, Vernichtung, Gestaltung

Orte:
Kanäle, Schächte, Grotten, Höhlen, Brunnen, Friedhöfe, Schlachthöfe, Operationssäle, Laboratorien, Banken

Lösungen:
a) Totengräber, Reiniger, Hygiene-Spezialist
b) Veterinärarzt, Apotheker, Arzt, Chirurg, Hebamme, Gynäkologe, Zahnarzt, Chemiker
c) Polizist, Geheimagent, Detektiv, Anwalt, Lotse, Graphologe, Akupunktur-Arzt, Psychoanalytiker, Psychiater, Kriminologe, Okkultist, Höhlenforscher.

Das liebe Geld

Ein Mittel zur Macht

Ein unbewußtes und noch immer geheimnisvolles Spannungsverhältnis herrscht zwischen Geld und Geschlecht. Man kann sagen: Je machtloser sich ein Mann gegenüber einer Frau fühlt, desto mehr Geld gibt er für sie aus.

Zum Geld hat der Skorpion eine instinktive Bindung. Ob verschwenderisch von Natur oder geizig aus Gehemmtheit – immer erfährt er Zeiten des Spartriebs und der Verschleuderung. Ebensogut kann er sich von materiellen Gütern lösen und sich selbstlos verhalten wie unerhörte Geldgier und Habsucht an den Tag legen. In diesem Falle verkörpert Geld ein Mittel zur Macht, das mehr oder minder alleinige Objekt seiner Libido.

Es gibt Skorpion-Typen, die Geld unbewußt ablehnen. Als unpraktische Pechvögel leben sie materiell kümmerlich dahin (wie etwa Edgar Allan Poe). Andere raffen Vermögen zusammen, völlig irrational, unerklärlich, nicht immer ehrlich.

Dazu sind sie abergläubisch – doch ihr Aberglaube bringt ihnen häufig Erfolg. Skorpion-Geborene spielen in waghalsigen Geschäften mit, und sie gewinnen. Einzelne sind zu Spekulationen geradezu veranlagt.

Disharmonische Vertreter des Zeichens zeigen bei ihrem Vorgehen wenig Skrupel. Für sie heiligt der Zweck die Mittel. So wurden einige der größten Finanzskandale gerade von Skorpionen ausgelöst.

Der Chef mit dem eingeschworenen Team

Ihr Skorpion-Chef sucht ein Leben lang nach Weisheit und Macht. Er möchte alle Geheimnisse des Himmels und der Hölle kennenlernen – und die, die dazwischenliegen. Vermutlich liegen sie meistens dazwischen. Daher ist er auch versessen darauf, Ihre Geheimnisse zu entdecken und zu erfahren, was in Ihrem geschäftigen kleinen Geist oder Ihrem geschäftigen großen Geist vor sich geht. Er wird Sie nicht offen drängen, Ihre Seele bloßzulegen, aber Sie werden es wahrscheinlich von selbst tun. Ein eindringlicher, unbewegter Blick aus seinen hypnotisierenden Pluto-Augen ist genug, um die tiefsten Bekenntnisse ans Tageslicht zu fördern. Wenn es etwas gibt, das Sie lieber für sich behalten wollen, vermeiden Sie es, ihm in die Augen zu sehen, oder vermeiden Sie es, für ihn zu arbeiten.

Denn er wird Ihr Geheimnis entdecken. Es muß kein großes sein. Es handelt sich vielleicht darum, daß Ihr Vater die Schule nur bis zur achten Klasse besuchte oder Ihre Schwester ein Verhältnis mit einem verheirateten Mann hat oder daß Sie seit sechs Monaten keine Rückzahlung auf Ihr Bankdarlehen geleistet haben, oder daß Ihre Perserkatze schon wieder Junge kriegt. Vielleicht haben

Sie einen Knopf mit einer Sicherheitsnadel angesteckt, anstatt ihn anzunähen, oder Ihr Bruder hat heute früh Ihrer Schwägerin mit der Bratpfanne eins auf den Kopf gegeben. Solche kleinen Dinge würden Sie lieber für sich behalten, aber er weiß alles. Und irgendwie wissen Sie, daß er es weiß. Hier geht es nicht um das Ahnungsvermögen der Fische. Die Fische haben plötzliche übersinnliche Wahrnehmungen. Der Skorpion *weiß* einfach. Übersinnlichkeit hat nichts damit zu tun. Auch nicht die Intuition des Wassermannes. Es geht viel tiefer.

Der Skorpion-Chef wird auch Ihre Stimmungen spüren, und er ist ein Mann, der sich verständnisvoll auf solche Stimmungen einstellt. Das kann sehr beruhigend wirken, besonders, wenn Sie ständig mit flüchtigen, gedankenlosen, oberflächlichen Menschen zu tun hatten, die nicht nur nicht wußten, was eigentlich Ihr tiefstes Wesen ausmacht, sondern denen auch nichts daran lag, es herauszufinden.

Die Selbstbeherrschung des Skorpion-Chefs ist bewundernswert (wenn er nicht einen starken Zwillinge-, Wassermann- oder Löwe-Einfluß im Geburtshoroskop hat). Er ist unermüdlich in der Verfolgung seiner Ziele, und er ist stolz darauf, daß er niemandem zeigt, wie sehr er das, was er erstrebt, liebt oder braucht. Sein Konkurrent wird niemals ahnen, wie sehr Ihr Skorpion-Chef sich danach sehnt, ihn zu überflügeln, bis alles eine vollendete Tatsache ist und Ihr Arbeitgeber gewonnen hat. Er kann Sie durchschauen, aber niemand kennt seine geheimsten Gefühle. Zu seinen stärksten Waffen gehören Verheimlichung des Zwecks und der Absicht. Er bemäntelt seine Motive so geschickt, daß der Feind zum Beispiel einen Angriff von hinten – oder gar keinen Angriff – erwartet, und dann durch eine plötzliche Bewegung von der rechten Flanke überrascht wird, wo er es am wenigsten erwartet hatte. So gewinnt man in Ballspielen.

So gewinnt der Skorpion-Chef auch Ansehen und Erfolg. Wenn er Sie gern hat, gibt es nichts, was er nicht für Sie täte, um Ihnen zu helfen, Sie zu fördern und Ihre Hoffnungen und Wünsche, zusammen mit seinen eigenen, zu erfüllen. Wenn er Sie nicht mag, hat es keinen Sinn, hier weiterzulesen. Sie werden überhaupt nicht angestellt, und wenn jemand anders Sie angestellt hat, so wird Ihre Tätigkeit unter einem Skorpion-Chef nicht lange währen. Von Pluto beherrschte Vorgesetzte haben selten Mitgefühl für die, die nicht zum Team gehören. Das Team wird für ihn die größte Bedeutung haben (es ist gleichbedeutend mit seinen persönlichen Zielen), die einzelnen kommen erst danach. Ich weiß, daß alle die, die mit einem Skorpion-Chef arbeiten, schon zu seiner Verteidigung bereitstehen. Wer kann ihm etwas anderes nachsagen als Vollkommenheit und Lauterkeit? Die meisten Menschen, die mit einem Skorpion zu tun haben, denken so. Wenn nicht, haben sie wahrscheinlich gerade nur eine Aushilfsstellung inne, weil jemand auf Urlaub ist.

Der Skorpion-Chef hat die Fähigkeit, sehr zuverlässige Menschen in seinen Bann zu ziehen. Gewöhnlich ist er von treuen Freunden umgeben, und seine Feinde halten sich in sicherem Abstand. Es ist fast so, als habe er einen Kreis um sich gezogen. Die Auserwählten befinden sich innerhalb des Kreises. Die anderen werden durch irgendeinen Zauber ferngehalten. Es ist für seine Feinde schwierig, wenn nicht unmöglich, an ihn heranzukommen. Wer von diesen faszinierenden Augen taxiert wird und den Anforderungen nicht entspricht, wird verstoßen. Dieser

Mensch existiert für den Skorpion dann einfach nicht. In seiner Vorstellung sind Sie nicht vorhanden, er hört und sieht Sie nicht. Es kann ungemütlich werden, nur ein Geist zu sein, daher verschwindet der unerwünschte Mensch meist nach einer Weile dorthin, wo er gesehen und gehört wird, wo er wieder als menschliches Wesen aus Fleisch und Blut existieren kann.

Sie dürfen nun nicht den Eindruck gewinnen, als müßte der Skorpion-Chef, um diese Wunder zu vollbringen, wie Dracula aussehen. Er braucht kein schwarzes Cape, um seine Zauberkunststücke auszuführen, und er muß nicht feierlich und getragen sprechen. Wenn Sie sich auf das Abenteuer einlassen wollen, mit einem Skorpion-Chef zu arbeiten, werden Sie, wenn Sie ihn das erstemal sehen, wahrscheinlich denken, die ganze Sache mit der Macht über andere Menschen sei sehr übertrieben.

Es kann durchaus sein, daß sein Äußeres keinen besonderen Eindruck auf Sie macht, und wenn er plötzlich lächelt, werden Sie weich werden und glauben, daß die Astrologie Sie irregeführt hat. Dann richtet er jedoch seine durchdringenden blauen oder braunen Augen auf Sie, und ich hoffe, daß ein Stuhl in der Nähe steht, auf den Sie sich fallen lassen können. Zu diesem Zeitpunkt hat sein magnetischer Charme Sie schon vollkommen hypnotisiert. Vielleicht ertappen Sie sich sogar dabei, daß Sie bereits seine Anweisungen erwarten. Jetzt beherrscht er Ihre Gefühle. Von nun an kann keiner Sie mehr erreichen. Es ist zu spät. Sie werden Ihrem neuen, wundervollen, gütigen, sanften, begabten, glänzenden Chef blind ergeben sein, und jeder, der ihn für gefährlich hält, ist ein eifersüchtiger, nachtragender Verrückter. Er ist der netteste Chef, den man sich vorstellen kann. Wirklich? Wundervoll, ja. Begabt und glänzend, natürlich. Aufrichtig und treu, selbstverständlich. Beschützend und gütig, wiederum ja. Aber einfach nett? Ganz entschieden nein. Sie können mir glauben, denn nicht nur ist einer meiner besten Freunde ein Skorpion, der mich in seinen magischen Kreis aufgenommen hat, es gibt auch einen winzigen Skorpion, der in meinem Haus wohnt (beachten Sie, daß ich die Herrschaft noch innehabe – ich habe nicht gesagt, daß ich in *seinem* Hause wohne), und ich bin ihm ebenfalls recht nahe. Ich zähle also nicht zu den Feinden Ihres Skorpion-Chefs. Dank der Astrologie vermag ich ihn jedoch etwas besser zu verstehen. Zum Beispiel glauben Sie sicher, daß er in einer Krise ruhig dabeistehen und den gleichen gelassenen Ausdruck zur Schau tragen wird, den er hat, wenn er morgens aus seinem warmen Bett aufsteht. Dem ist jedoch nicht so. Er wird ein vollkommen anderer Mensch sein.

Er ist nicht dafür, daß man seine Gefühle zeigt, sondern er glaubt, daß man sein Gleichgewicht um jeden Preis bewahren muß. Wenn aber in einem Notfall plötzlich gehandelt werden muß, wird er ein so ungestümes Temperament entwickeln, daß Sie glauben, es sei nicht derselbe Mann. Wenn alles vorbei ist und die Dinge wieder unter Kontrolle sind, wird er auch seine aufwallenden, leidenschaftlichen Gefühle wieder beherrschen. Er wird sie mit seiner starken Persönlichkeit unterdrücken, bis sie beim nächsten Mal wieder gebraucht werden.

Dieselbe Verwandlung wie in einer geschäftlichen Krise kann auch bei einer Liebesaffäre mit ihm vorgehen, aber das, natürlich, ist nicht Ihr Gebiet – jedenfalls nicht unter gewöhnlichen Umständen. Selten wird er die Maske ruhiger Beherrschung ablegen, höchstens in wirklich entscheidenden Situationen.

Schmeicheln Sie ihm nicht zu häufig. Skorpion-Chefs sind immer mißtrauisch. Es ist sogar eine seiner Schwächen, unschuldigen Bemerkungen unschuldiger Leute zu mißtrauen. Eine gelegentliche, ehrlich gemeinte Anerkennung seiner Überlegenheit wird er sehr zu schätzen wissen, aber übertreiben Sie nicht. Es könnte sein, daß er glaubt, Sie hätten es auf seinen Posten abgesehen. Er wird Ihnen die Treue halten, aber Sie müssen Gleiches mit Gleichem vergelten. In Geldangelegenheiten ist er mehr als genau, so richten Sie sich danach. Und versuchen Sie nie, nie, nie, ihn zu überflügeln oder ihn zu verletzen. Wenn Sie meinen Rat mißachten, dann üben Sie lieber vorher, auf Eiern zu gehen. Am besten auf Eiern, in denen eine giftige Spinne versteckt ist. Mit der Rache des Skorpions soll man nicht spaßen.

Es gibt kein Problem auf Erden, das der Skorpion-Chef, wenn er es einmal angepackt hat, nicht lösen kann. Alle von Pluto beherrschten Menschen haben die Fähigkeit, Unglücksfälle, Krankheiten und geschäftliche Fehlschläge mit Mut und übermenschlicher Willenskraft zu überwinden. Was die Persönlichkeit betrifft, so gibt es hier mehr Unterschiede als bei allen anderen Zeichen. Obwohl der Skorpion der Erforscher aller unergründlichen Geheimnisse ist, der Allzweck-Detektiv, so bleibt er selbst doch stets das große Geheimnis.

Zielstrebig und erfinderisch ist der Skorpion-Angestellte

Wer, würden Sie auf Anhieb sagen, ist der selbstgenügsamste Mensch in Ihrem Büro? Welcher Angestellte hat das meiste Selbstvertrauen, ohne es auffällig zu zeigen, die unbewegtesten Augen, wer bringt die wenigsten Entschuldigungen vor, und wer zeigt die meiste Haltung? Und erweckt der Mitarbeiter, auf den all diese Eigenschaften passen, den Eindruck, als lege er keinen so großen Wert auf Lob? Behält er seine Privatangelegenheiten für sich? Hat er einen meisterhaften Plan für die Zukunft? Angenommen, all das träfe zu, noch eine Frage: Haben die anderen Angestellten etwas Angst vor ihm? Dann gibt es keinen Zweifel: Er ist ein Skorpion.

Mehr als alle anderen Angestellten in Ihrer Firma meistert der Skorpion-Angestellte sein Schicksal. Er hat seine eigenen Beweggründe und ist sehr zielstrebig. Niemand sonst kann so erfinderisch und sich seiner eigenen Fähigkeiten so bewußt sein. Der Skorpion hat die Kraft, aus seinem Leben etwas zu machen oder es zu zerstören, und er weiß es. Er belügt sich nie und gibt selten jemand anders als sich selbst die Schuld für seine Fehler. Das Ziel, das dieser Angestellte sich setzt, wird er erreichen, und er wird wenig Gunstbeweise auf dem Weg nach oben erwarten. Er ist der letzte, dem Sie einen Minderwertigkeitskomplex vorwerfen können.

Es wird nicht einfach sein, die Gründe für sein Verhalten zu erkennen. Sie haben von der Rücksichtslosigkeit dieses Sonnenzeichens gehört, seinem Wunsch nach Rache, der Entschlossenheit, sich zu revanchieren – und es mag Sie wundern, daß diese Eigenschaften in seiner Beziehung zu Ihnen zu fehlen scheinen. Sie fehlen nicht. Er hat sie für den Augenblick auf Eis gelegt, denn für seinen einseitigen, scharfen Verstand heiligt der Zweck die Mittel. Er weiß genau, was er tut, Sie vielleicht nicht.

Die Haltung Ihres Skorpion-Angestellten Ihnen gegenüber wird davon abhängen, was Sie ihm bieten können – und was er von Ihnen und vom Leben erwartet. Wenn der Durchschnittsmensch sich dem Skorpion widersetzt, ihn beleidigt, ihn unverschämt behandelt oder ein Versprechen bricht, dann gnade ihm Gott. Er wird den Tag bereuen, an dem er einen Pluto-Menschen herausgefordert hat. Wenn Sie jedoch die Macht und die Erfüllung seiner Wünsche repräsentieren, wird er auf die gleiche Behandlung gleichgültig reagieren. Wenn Sie etwas haben, das der Skorpion sich wünscht oder braucht, wird er fast alles von Ihnen mit bewußter Gelassenheit hinnehmen, und zwar – Sie mögen es glauben oder nicht – ohne Vergeltungsmaßnahmen zu erwägen. Daß er in der Lage ist, seinen tiefen Groll zu beherrschen und ihn aus seinen Gedanken zu verbannen, ist ein Beweis für seine bewundernswerte innere Kraft.

Bevor Sie diese Theorie prüfen, überlegen Sie sich, in welche Kategorie Sie fallen: in die des Durchschnittsmenschen, die gewöhnliche Chefs, Freunde, Nachbarn, Mitarbeiter, Dienstpersonal, sogar Verwandte und seine Lieben einschließen kann – oder in diejenige, die Macht, Sicherheit und die Realisierung der eigenen Träume bietet. Wenn Sie nicht ganz sicher sind, daß Sie zu der letzten Gruppe gehören, ist es gefährlich, den Versuch zu unternehmen.

Der Skorpion weiß ganz genau, wo sein Vorteil liegt. Er weiß auch genau, daß er eines Tages sein Ziel erreichen wird. Darum schämt er sich nicht, sich seinem Vorgesetzten unterzuordnen, wenn es nützlich ist. Darum hat Ihr Skorpion-Angestellter auch keine Furcht. Vertrauen erzeugt immer Mut. Für ihn kommt es auf das rechtzeitige Handeln an. Mit untrüglicher Sicherheit weiß er, wann seine Zeit kommt. Kein Wunder, daß er nicht zu den ängstlichen Menschen gehört.

Sie können damit rechnen, daß der Skorpion-Mann oder die Skorpion-Frau das Unvermeidliche mit Anstand tragen wird, wenn der Preis hoch genug ist. Er (oder sie) wird die Möglichkeiten überprüfen, sich die Folgen ausrechnen, das etwaige Entgelt vormerken und dann die endgültige Entscheidung treffen. Die meisten Chefs schätzen und bewundern die Philosophie des Skorpions. Er kennt den Preis für den Erfolg, und er ist bereit, ihn zu bezahlen, ohne besondere Zugeständnisse zu erwarten. Wenn der Erfolg da ist, dürfen Sie jedoch eines nicht vergessen: Es ist Halbzeit – Seitenwechsel.

Wenn Sie die Einstellung der durchschnittlichen Mitarbeiter in Betracht ziehen, werden Sie bei Ihrem Skorpion-Angestellten noch eine bewundernswerte Eigenschaft entdecken. Es ist ein altmodisches Wort, buchstabiert T-R-E-U-E, ein ziemlich seltener Handelsartikel dieser Tage. Ich spreche nicht davon, daß man Ihnen als Chef nach dem Munde redet, oder von heuchlerischer Unterwürfigkeit. Skorpione haben ihre eigene Auffassung von Treue.

Als ich noch bei einem Rundfunksender in einer kleinen Stadt arbeitete, beeindruckte mich die Bemerkung eines Skorpion-Programmdirektors tief. Der Besitzer des Senders war der unsympathischste Mann in der Stadt. Das Beste, was man von ihm sagen konnte, war, daß er an manchen Tagen weniger ekelhaft war als an anderen. Da ihm, außer dem Sender, die halbe Stadt gehörte, begegnete man ihm mit Gehorsam und Respekt. Obwohl die Angestellten ihn «Sir» nannten, von einem Ohr bis zum anderen lächelten, wenn er ein Zimmer betrat, und sofort auf jeden seiner kleinsten Wünsche reagierten, zogen sie hinter seinem Rücken Grimassen und kicherten heimlich über seine komische Fliege und seine quiekende Stimme. Sie hätten sein Begräbnis als Anlaß für einen Feiertag betrachtet, und das Lieblingsspiel im Büro, wenn er nicht in der Stadt war, bestand darin, seinen Nachruf zu schreiben, wobei der lustigste einen Preis erhielt.

Der Skorpion-Angestellte machte niemals mit. Er hatte immer zuviel mit seiner Programmarbeit zu tun. Eines Tages fragte ihn eine Sekretärin, warum er nie etwas zu dem Büro-Hobby beitrage. Er bedachte sie mit einem seiner hypnotischen Skorpion-Blicke und sagte einfach: «Er zahlt mein Gehalt, ich arbeite für ihn.»

«Was hat das damit zu tun?» wollte sie wissen. «Er schreit Sie jeden Morgen an, und er hat Ihnen seit zwei Jahren keinen Urlaub gegeben. Er lobt Sie niemals. Haben Sie gar keinen Stolz?»

Der Skorpion verzog keine Miene. «Lob kann ich nicht auf der Bank einzahlen», sagte er ruhig. «Ich ziehe Bargeld vor.»

«Aber warum lassen Sie sich so von ihm behandeln?»

Seine Antwort war kurz: «Wenn ich das Geld eines Mannes annehme, nehme ich auch seine Anweisungen an. Wenn ich seine Anweisungen nicht mehr annehmen will, nehme ich auch sein Geld nicht mehr an und gehe. Haben Sie die Programmaufstellung für die nächste Woche? Ich muß sie prüfen, bevor ich die Zeit für die Werbesendungen einteile.»

Die Sekretärin reichte ihm schweigend die Liste, er nahm seine Stoppuhr heraus und ging an die Arbeit. Ein paar Tage später bat sie ihn, ihr einen Kaffee mitzubringen, wenn er vom Essen käme. Irgendwie vergaß er das. Er vergaß auch, ihr eine Einladung zu seiner Hochzeit im nächsten Frühjahr zu schicken. Er erinnerte sich an ihre Bemerkung, daß er keinen Stolz besitze. Skorpione haben ein sehr gutes Gedächtnis. Das ist ein ausgezeichnetes Beispiel, wie und wann ein typischer Skorpion-Angestellter sich rächt – an wem und warum. Es zeigt auch seine persönliche Auffassung von Treue gegenüber dem Mann, bei dem er angestellt ist.

Diese Menschen arbeiten intensiv und hartnäckig. Sie nehmen ihren Beruf ernst und verlieren das Ziel niemals aus den Augen. Skorpione können eigensinnig, aufsässig, leidenschaftlich und anmaßend sein. Aber Sie werden nicht oft feststellen, daß sie die Zeit verschwenden oder zum Spaß Nachrufe schreiben. Der Tod ist eine ernste Angelegenheit für sie. Das gleiche gilt für Sie. Sie sind die Brücke zur Macht, daher werden Sie respektiert, bis der Skorpion sicher ans andere Ufer des Stroms gelangt ist. Kluge Strategen zerstören keine Brücken, und der Skorpion ist klug. Einige sind sogar glänzende Köpfe. Alle sind schlau und denken logisch. Sie werden oft finden, daß

Skorpione beiderlei Geschlechts zu Tätigkeiten neigen, die sich mit der Aufdeckung von Geheimnissen und der Lösung von Rätseln befassen. Viele von ihnen sind Detektive, Psychiater, Wissenschaftler, Chirurgen, Polizisten, Forscher, Reporter und sogar Beerdigungsunternehmer. Sie müssen ihr Wissen an jedem Tag, den sie leben, bereichern, und im gleichen Maß steigern sich ihre Fähigkeiten, Talente und ihr Einkommen.

Kümmern Sie sich niemals um die Privatangelegenheiten eines Skorpions. Er wird es nicht dulden. Wenn er Sie und seine Arbeit gern hat, wird er großzügig und anständig sein. Er gibt Ihnen acht Stunden Arbeit für acht Stunden Bezahlung, er wird nicht auf die Uhr schauen, wenn ein Projekt ihn interessiert. Aber denken Sie daran, daß er immer an seinem eigenen Prinzip, an seinen eigenen Ideen festhält. Er wird seine Verpflichtungen, die er Ihnen gegenüber hat, höher als alle anderen, einschließlich Liebe und Ehrgeiz, stellen. Niemand als er selbst kann ihn zwingen, seine Ansichten und Meinungen zu ändern. Wenn seine Entscheidung jedoch negativ ausfällt, kann kein Mensch auf der Erde eine Tür plötzlicher und endgültiger zuschlagen als ein Skorpion, sogar eine Tür, auf der in Goldbuchstaben «Generaldirektor» steht. Er bezahlt gerade soviel, wie er bezahlen will. Wenn er glaubt, daß die Kosten zu hoch sind, geht er. So spielt er das Spiel. Wenn man es recht bedenkt, so hält er *wirkliche* Treue nur gegenüber sich selbst. Das ist nicht immer so egoistisch, wie es sich anhört. Als er noch klein war, lernte er den Spruch: «Dies vor allem, sei dir selber treu.» Wenn er das einhielte, hat er sich immer gedacht, könnte er auch nicht falsch gegen andere sein.

Eyvind Johnson

Ein Wintertag

Kurz nach Neujahr 1914 kam ein Mann die Bahnstrecke nach Norden entlang und traf kurz vor dem Nachmittagszug nach Malmfälten auf dem kleinen Bahnhof in Myrland ein. Der Stationsvorsteher, der hinter dem aufgetauten Doppelfenster saß und bedeutungsvolle Silben auf dem Telegrafenapparat herunterklapperte, hörte ihn in den Wartesaal kommen und trat an den Fahrkartenschalter. Aber der Mann blieb ruhig am Kamin sitzen und wärmte sich. Er trug Lappenschuhe an den Füßen, einen halblangen Düffelmantel, eine Krimmermütze und große Finnenhandschuhe. Nun hatte er den einen Handschuh ausgezogen und klaubte sich sorgfältig die Eiskörner aus dem spärlichen Schnurrbart. Die Hand war unglaublich groß und verdeckte das halbe Gesicht. Der Fremde warf dem Stationsvorsteher einen gleichgültigen Blick zu. Der Blick war nicht zuverlässig, sondern ausweichend. Unter einem zuverlässigen Blick verstand der Stationsvorsteher einen offenen Blick – so, wie er ihn immer selbst zu haben glaubte, wenn er einen der Romane gelesen hatte, die er sich aus dem Süden kommen ließ. Dieser Mensch blinzelte rasch und wandte dann den Blick ab, als hätte das runde, zuverlässige Gesicht des

Stationsvorstehers ihn geblendet. Und der Stationsvorsteher reckte seine kleine, dicke Gestalt und kehrte zum Telegrafenapparat zurück.

Als der Zug kam, trat der Mann auf den verschneiten Bahnsteig hinaus und betrachtete ihn so aufmerksam, als sei er eigens dazu irgendwoher aus dem Süden heraufgekommen. Der Stationsvorsteher stand ein Stück weiter mit seiner Flagge und streckte den Bauch heraus. Der Dampf hüllte den Zug und die Wagen ein. Außer dem Schaffner stieg niemand aus. Der Schaffner sagte, was er zu sagen hatte: in Malmvattnet seien heute dreißig Grad gewesen – und der Stationsvorsteher sagte, was er zu sagen hatte: hier hätten sie heute früh vierundzwanzig gehabt. Er verspürte einen dunklen Neid und auch Ärger, als er den Schaffner in den letzten Wagen steigen sah. Heute würde der Schaffner nicht zu den anderen Stationsvorstehern sagen: gut und schön, aber die in Myrland hatten jedenfalls die größte Kälte. – Bloß vierundzwanzig Grad. Man konnte nur hoffen, gegen Abend aufzuholen.

Der Stationsvorsteher winkte «Abfahrt», und der Zug setzte sich wieder in Bewegung. Kein einziger Fahrgast blickte hinaus. Im Sommer, dachte der Stationsvorsteher, wenn es hier hübsch und freundlich ist, dann schauen sie schon heraus. Aber jetzt sind sie so hochmütig, zu tun, als merkten sie nicht einmal, daß der Zug gehalten hat. Drecknest, denken sie vielleicht. Und mit einem Mal fühlte er sich unheimlich einsam, trotz der Ehefrau im Obergeschoß des Bahnhofsgebäudes.

Er nahm den Postsack, den man herabgeworfen hatte (wie für einen Hund, dachte er), trug ihn zur Treppe und ließ ihn dort fallen. Er fühlte sich leicht an, nur ein paar Zeitungen und dünne, offene Briefumschläge, natürlich.

Er kurbelte den Signalarm herunter und sah, wie der Fremde wieder in den Wartesaal ging. Dieser Rennerei werden wir bald ein Ende machen, dachte er. Immer raus und rein, als ob wir für solche Leute heizen. Die nicht arbeiten wollen. Unsereins –

Und wieder besann er sich darauf, wer er war. Ein ganz gewöhnlicher Mensch, über den es nichts Besonderes zu sagen gab, solange er ein Kind und ein junger Mann war. Und nun war er immerhin Stationsvorsteher und konnte telegrafieren und mit noch so gebildeten Leuten sprechen. Man hatte sich, weiß Gott, tüchtig ins Zeug legen müssen, um dahin zu kommen, wo man war. Herumlungern und in Wartesälen sitzen, so etwas hatte es nicht gegeben.

Weit entfernt hörte man den Zug in einer Kurve. Das Geräusch wurde dumpfer, nun war er oben auf der kleinen Brücke. Die Drähte des Signals klirrten, und dann war es still – sozusagen. Bis auf das Knirschen des Schnees. Einmal würde es hier *doch* am kältesten sein. Dann stünde in den Zeitungen: «Wie aus Myrland berichtet wird, herrschen dort soundsoviel Grad.» Der Stationsvorsteher hob den leichten Postsack auf und dachte wieder nach. Man soll nicht handeln, ohne zu denken. Er ging zuerst in die Expedition, wo er den Sack ordentlich auf den Tisch legte, und dann hinaus in den Wartesaal.

Der Mann saß am Kamin und stahl dem Staat die Wärme. Er war etwa fünfundvierzig Jahre alt. Dem Stationsvorsteher fiel wieder auf, was für gewaltige Hände er hatte, und auch im übrigen sah die Gestalt recht kräftig aus. Hinauswerfen konnte man den Kerl nicht. Aber man durfte seine Pflicht nicht versäumen. Also sagte er – ausschließlich, um zur Sache zu kommen:

«Ist wohl nichts geworden aus der Reise?»

«Reise?» sagte der Mann.

«Ja, mit dem Zug?»

Der Mann antwortete nicht sofort. Statt dessen nahm er die Krimmermütze ab und brachte mit ungeschickten Händen einen Kamm aus der Innentasche des Düffelmantels hervor. Sein schwarzes Haar war dünn und glänzte vor Pomade, er kämmte sich schweigend und setzte die Mütze wieder auf. Danach sagte er:

«Wer soviel gereist ist wie ich und soviel gesehen hat wie ich, der möchte das Wort ‹Reise› am liebsten nicht mehr hören.»

Der Stationsvorsteher stand da und fühlte seine Autorität schrumpfen. Entweder mußte er den Mann sofort hinauswerfen, ja freilich, er hatte das Recht und die Macht dazu, aber – Oder auch sich neben ihn auf die Bank setzen und ein wenig herablassend mit ihm reden, leutselig, wie es hieß. Er setzte sich schwer und unter übertriebenem Schnaufen.

«Soll das heißen, daß Sie lange draußen waren?» fragte er.

«Tja, lange?» sagte der Mann. «Das kommt ganz darauf an, wie man es nimmt. Aber nun zuletzt komme ich aus dem Kongo. Das ist ja ein ganzes Ende weit weg.»

Er zog sich wieder die Handschuhe an. Vielleicht wollte er gehen? Jetzt hätte der Stationsvorsteher ihn ja hinauswerfen können – die Gelegenheit benutzen, ihn auf den Weg zu bringen, ehe er dazu käme, von selbst aufzubrechen – aber daraus wurde nichts.

«Das kann man wohl sagen», meinte der Stationsvorsteher. «Das ist ja geradewegs in Afrika!»

Er war eigentlich enthusiastischer, als er zugeben mochte, und durch sein Gehirn – oder vielleicht eher durch seine Brust – zogen einige dunkle Erinnerungen an Afrika, Kongo, nickende Negersparbüchsen, Missionare, giftige Insekten und zugewachsene unschiffbare Flüsse. Herrjesses, Afrika, das war weit fort.

Der Mann blickte ihn so gleichgültig an, als sei er kein Stationsvorsteher, sondern irgend jemand, und der Stationsvorsteher mußte wieder etwas sagen:

«Ja, ist wohl ein ganz schöner Unterschied zwischen dem Kongo und hier, jedenfalls nach den Beschreibungen zu urteilen, die ich gelesen habe.» Er fand selbst, daß das gut formuliert war, es klang fast wie aus einer Zeitung oder gar aus einem Buch.

«Sowohl hinsichtlich der Bevölkerung als auch des Klimas», fügte er hinzu.

«Die Bevölkerung, das heißt, die weiße, ist ja nicht so sehr verschieden von der hiesigen», sagte der Mann. «Aber das Klima war schon anders. Wissen Sie, man hätte erfrieren können.»

«Erfrieren! Im Kongo!»

Der Stationsvorsteher vergaß seine Würde und wurde eifrig. Der Telegrafenapparat knackte da drinnen wie eine eigensinnige Ratte, aber man konnte den Streifen ja später lesen.

«Meinen Sie das im Ernst?» fragte er.

«Ja, ich bekam eine Sommererkältung», sagte der Mann. «Fieber, oder fjäwr, wie es auf französisch heißt. Und so unsinnig habe ich mein Leben lang noch nicht gefroren. Dagegen ist das hier ja geradezu ein finnisches Bad.»

Der Telegraf rief, aber der Stationsvorsteher blieb sitzen.

«Was haben Sie denn am Kongo gemacht?»

Zuerst dachte er an Missionare und dann an Krieger und Abenteurer und Kämpfe und Jagden und Schlangen.

Der Mann zog eine der gewaltigen Hände aus dem Finnenhandschuh, strich sich den dünnen Schnurrbart nach oben und sagte:

«Ich war Vorarbeiter.»

«Vorarbeiter?»

«Ja, Eisenbahn-Vorarbeiter. Bei einem Bau. Wir haben Eisenbahnen gebaut, wissen Sie.»

Der Telegrafenapparat fuhr da drinnen fort. Er rief nicht nur, er hämmerte, und der Stationsvorsteher versuchte zu horchen, aber er verstand den Zusammenhang nicht. Und er wollte auch nicht aufstehen und hineingehen. Wenn er hinginge, wäre der Mann vielleicht fort, wenn er zurückkäme. Nicht, daß ihm das etwas ausmachte, aber –

«Ja, da gab es wohl allerlei zu erleben? Im Kongo? Und die Leute, ich meine die Neger, wie waren die?»

Der Mann zögerte mit der Antwort, er blickte auf seine Lappenschuhe, als spräche er mit ihnen:

«Die waren schwarz», sagte er.

«Jaja», nickte der Stationsvorsteher, «das versteht sich ja von selbst und ist ganz natürlich, gewiß, aber ich meine: im Umgang?»

«Die fragten nicht so verdammt viel nach all und jedem», sagte der Mann.

Daraufhin mußte der Stationsvorsteher in die Expedition gehen. In der Tür wandte er sich um und wollte etwas von Wartesälen sagen, die nur für Reisende bis zur Abfahrtszeit geöffnet seien, aber er brachte nicht mehr zustande als ein: «Aha-hm-aha.» Der Mann sah ihm nicht nach, statt dessen betrachtete er grübelnd seine Lappenschuhe und bewegte den einen Fuß ein wenig. Der Stationsvorsteher beugte sich über den Telegrammstreifen und las, daß der Fünfundvierziger den Bahnhof von Högheden verlassen hatte. In einer Viertelstunde würde der Zug hier sein. Himmel, wie die Zeit vergangen war! Da draußen kam der Bahnwärter, der seine Strecke inspiziert hatte. Er nahm die Tretdraisine ab und stellte sie auf den Bahnsteig. Dann kam er herein, um zu hören, ob Post gekommen sei.

Eigentlich hätte man noch Zeit, auf eine Tasse Kaffee nach oben zu gehen. Der Stationsvorsteher öffnete den Postsack und holte ein paar Briefe und Zeitungen heraus. Er schielte rasch durch den Fahrkartenschalter. Der Mann saß noch da, aber nun bewegte er den anderen Fuß. Vielleicht war er nicht ganz richtig im Kopf? Aber er sah auch nicht übergeschnappt oder schwachsinnig aus, sein Gesicht wirkte in keiner Weise verwüstet; es war ruhig und wach. Wenn er auch grübelte, sah er doch nicht so aus wie Torp-Niklas, der sich mit der Unendlichkeitsmaschine beschäftigte und die Kinder und die Alte hungern ließ. Er sah aus, als dächte er wirklich nach, als rechnete er sich ernsthaft etwas aus. Der Bahnwärter kam herein und sagte, daß es kalt sei. Er nahm die Mütze nicht ab (hätte er ruhig tun können, dachte der Stationsvorsteher) und zog auch nicht die großen Handschuhe aus.

«Unten bei Malvattnet hatten sie über dreißig Grad», entgegnete hierauf der Stationsvorsteher.

Sobald er es ausgesprochen hatte, fand er, daß es idiotisch klang. Er erinnerte sich, an einem ganz ähnlichen Wintertag im vorigen Jahr schon etwas Derartiges gesagt zu haben, und im Jahr zuvor – und im Jahr zuvor. Er zuckte vor Unbehagen zusammen. Er wußte genau, was der Bahnwärter antworten würde, und da kam es:

«Ja, da unten war ja schon immer ein Kälteloch.»

Und der Stationsvorsteher konnte nichts weiter antworten als das alte:

«Ach ja, aber hier kann es auch ganz schön kalt werden.»

«Kann man wohl sagen, wir kommen bestimmt nicht zu kurz.»

Der Stationsvorsteher:

«Nein, das ist wahr.»

Der Bahnwärter:

«Jaja, so ist das.»

Der Stationsvorsteher gab ihm die Zeitung und einen Brief, und der Bahnwärter fragte, ob das alles sei. Der Stationsvorsteher antwortete: «Jaja.» Er nahm die Gelegenheit wahr, durch den Fahrkartenschalter zu schielen, und sah den Mann dasitzen, der jetzt aufmerksam seine Finnenhandschuhe betrachtete.

Er war nahe daran, etwas zu sagen, aber hielt sich rechtzeitig zurück. Er war hier Stationsvorsteher. Während des Sommers, wenn der Bergwerksverkehr lebhafter war, hatte er einen Stationsgehilfen, dem er Anweisungen zu geben hatte und dessen Vorgesetzter er war. Man durfte sich nicht zu weit herablassen. Zum Beispiel konnte man nicht darauf hinweisen, daß da draußen im Wartesaal (der nicht, der Vorschrift entsprechend, eine Zeitlang geschlossen gewesen war und eigentlich erst jetzt, kurz vor der Ankunft des Zuges nach Süden, wieder geöffnet werden sollte) ein seltsamer Mensch säße, der vielleicht nur ein Landstreicher war. Der Bahnwärter mochte nur selbst nachsehen, wenn er Lust hatte, und sagen: möchte wissen, was da für einer im Wartesaal sitzt. Wenn der Bahnwärter so fragen würde, könnte der Stationsvorsteher antworten: «Tja, es ist ja nicht meine Sache, das festzustellen!» Und gleich seine Stellung abgrenzen.

Er klappte den Postsack zu. Es ging heute keine Post von hier ab. Der Stempel steckte in seinem Halter – wie ein toter Hering, dachte er, und das war für ihn ein ungewöhnlicher Einfall, wie ein toter Hering, aber mit dem richtigen Datum, heute früh um Punkt sieben Uhr eingestellt und kontrolliert. Dann ging er hinaus und kurbelte den nördlichen Signalarm hoch. Der Bahnwärter folgte ihm. Sie hörten den Zug oben durch die Kurve kommen, und nun folgte das Signal.

Der Mann aus dem Wartesaal kam auch heraus. Er stand da wie zuvor und betrachtete den Zug, der herandröhnte, bremste und hielt, und er betrachtete ihn nicht wie einen Zug, der wichtige Güter und Menschen enthielt, sondern so, wie man etwa eine Mähmaschine anschaut, die man schon tausend Mal gesehen hat: man schaut nur einfach.

Außer dem Schaffner stieg niemand aus. Ein Postsack plumpste in den festgetretenen Schnee hinunter, und einer wurde dem Postschaffner übergeben: beide Säcke waren gleich dünn, platt vor Angst (dachte der Stationsvorsteher mit einem neuen seltsamen Einfall). Der Schaffner sagte, es sei kalt, und schüttelte sich, um zu zeigen, wie kalt. Der Stationsvorsteher sagte, vor einer Weile, kurz vor Abfahrt des Zuges nach Norden, seien es vierundzwanzig gewesen, «aber bei Malmvattnet hatten sie über dreißig», fügte er großzügig hinzu.

«Ja, das ist eine Kälte», sagte der Schaffner.

«Ja, das kann man wohl sagen», antwortete der Stationsvorsteher und kurbelte den südlichen Signalarm hoch, gab das Zeichen «frei» und streckte den Bauch heraus.

Und dann fuhr der Zug ab.

Der Fremde ging wieder in den Wartesaal.

Der Bahnwärter warf ihm einen Blick zu und dachte vermutlich: ‹ein Kerl mit Krimmermütze und Düffelmantel. Und mit Lappenschuhen und Finnenhandschuhen. Vielleicht möchte er ein Stück auf der Draisine mitfahren. Aber die teuren Draisinen werden nicht dazu gekauft, daß man Landstreicher herumfährt. Immerhin würde es ein bißchen Unterhaltung geben.›

Er folgte dem Stationsvorsteher in die Expedition. Im Postsack lag nur ein Brief, der an einen Kätner drinnen im Moor gerichtet war – von einer Eisenwarenhandlung im Norden. Eine Rechnung.

Der Bahnwärter hob die Draisine auf die Schienen und stieg auf. Der Mann saß noch im Wartesaal. Na schön, man würde ihn nicht drängen. Wenn er nicht wollte, mochte er es bleibenlassen. Und es war unchristlich kalt. Der Bahnwärter zog die Lederkappe so weit wie möglich herunter, stellte den Kragen des dicken Mantels hoch, zog den Wollschal über die Nase herauf und trampelte langsam seines Weges. Die Räder dröhnten laut über die Schienenzwischenräume – wie weit sie bei der Kälte auseinanderstanden! Das Geräusch wurde dünner und dünner – wie verloren.

Der Stationsvorsteher telegrafierte zur nächsten Station, daß der Zug abgefahren war.

Dann saß er da und starrte den Stempelhalter an. Er könnte den Wartesaal schließen. Er könnte es jetzt tun. Aber er könnte auch zuerst hinaufgehen und Kaffee trinken. Mit der Frau reden und «jaja, jaja» sagen. Man könnte ein wenig Holz hacken – obwohl es nicht nötig war, aber an so einem kalten Tag ließen sich die Kloben leicht spalten – oder mit der Frau reden. Sagen, es sei heute kalt, aber in Malmvattnet hätten sie dreißig. Obwohl man hier auch schon manchmal dreißig gehabt hätte.

Oder –

Der Gedanke war ganz unsinnig. Sie würde ihm einen vorwurfsvollen Blick zuwerfen. In ihrem hübschen Zimmer – oder in ihrer sauberen, schmucken Küche? Sie würde denken, der Kerl hat vielleicht Läuse. Übrigens war es noch nie vorgekommen, daß er einfach jemanden zum Kaffee eingeladen hätte. Und noch dazu einen aus dem Wartesaal.

Aber –

Im Sommer war es anders. Mehr Züge, man konnte beinahe von Leben und Betrieb reden. Und der Stationsgehilfe. Und man konnte fischen gehen. Und im Herbst Beeren pflücken, Multbeeren im Moor und Blaubeeren in den Wäldern. Und Preiselbeeren. Man fluchte über die Mükken. Aber immerhin. Und dann nahm man seinen Urlaub und fuhr einmal in die Stadt an der Küste hinunter oder nach Süden, weit, bis nach Hause. Und sein alter Vater in der Sörmländischen Gemeinde sagte: Er ist Stationsvorsteher.

Obwohl einmal – hatte er *beinahe* daran gedacht, nach Amerika zu gehen.

Das war viele Jahre, bevor er hergekommen war. Seitdem konnte er sich immer ruhigen Gewissens die Hände reiben und sagen: nach Amerika! Nein, nichts für mich! Hier hat man sein Schäfchen im trockenen – aber Gott weiß, wie man es getroffen hätte, wenn man gefahren wäre.

Ich wollte ja eigentlich auch gar nicht fahren. Aber *wenn* man gefahren wäre.

Und nun –

Er hörte es im Herd oben klappern, und der Kaffee fiel ihm wieder ein. Es leuchtete nicht in ihm auf. Er dachte: Kaffee, ich werde hinaufgehen und Kaffee trinken. Die Schritte der Frau auf dem Boden, jetzt kommt sie bald und sagt Bescheid. Er war heute spät dran.

Aber –

Ohne daß er es eigentlich recht bedacht hatte, stand er draußen im Wartesaal vor dem Fremden. Es war eine eigentümliche Situation, wie sie noch nie dagewesen war: er wollte den Mann hinauswerfen und schließen, aber plötzlich war er zu schüchtern. Er öffnete den Mund, um zu sagen: «Ja also, wir schließen jetzt», aber statt dessen wurde daraus:

«Die Kälte scheint sich zu halten, das Thermometer ist jetzt auf sechsundzwanzig.»

«Aha», sagte der Mann, zog die Hand aus dem Finnenhandschuh und strich sich den dünnen Schnurrbart nach oben.

Der Stationsvorsteher versuchte, sich zu sammeln, aber er konnte sich nur auf einen einzigen Gedanken besinnen:

‹Er darf nicht gehen!›

Warum der Mann nicht gehen durfte, konnte er sich nicht klarmachen. Aber der Gedanke war so hartnäckig wie der eines verwöhnten Kindes: Er *durfte* nicht gehen. Der Stationsvorsteher hatte ihm nichts zu sagen (er suchte verzweifelt nach Worten), und vielleicht hatte der Mann auch dem Stationsvorsteher nichts zu sagen.

Der Telegrafenapparat tickte, aber man wußte in etwa, was es war.

Der Stationsvorsteher konnte ihn nicht bitten, zu gehen. Und er konnte sich nicht neben ihn setzen, weil —

Ja, warum?

Und er konnte auch nicht vor ihm stehenbleiben.

«Wie wär's mit einer Tasse Kaffee?»

Er bereute es augenblicklich, aber zu spät. Was würde seine Frau sagen? Sie war eine gute Frau, aber sie würde nicht begreifen, warum er einen Landstreicher aus dem Wartesaal mit heraufschleppte. Er verstand sich selbst nicht.

Der Mann wirkte durchaus nicht verwundert oder freudig überrascht. Er blickte ruhig auf — rasch prüfend — und antwortete: «Danke, gern.»

«Dann können Sie mit raufkommen», sagte der Stationsvorsteher schnell und ging voran.

Und dann saßen sie da. Die Frau hatte den Fremden ohne Widerspruch empfangen, und der Stationsvorsteher hatte eifrig erklärt, dies — ja, dies sei ein weitgereister Mann, mit dem er ins Gespräch gekommen, er sei im Kongo gewesen, und der Mann hatte seinen Namen genannt: Andersson. Er hatte auch den Düffelmantel abgelegt, und es zeigte sich, daß er einen ganz ordentlichen Anzug aus dickem Stoff darunter trug.

Und der Stationsvorsteher mußte reden, sei es auch nur, um sich vor seiner Frau zu rechtfertigen, die Sache interessant und bemerkenswert zu machen.

«Wie kam es, daß Sie zum Kongo fuhren und da Eisenbahn-Vorarbeiter wurden?» fragte er.

«Ja, sehen Sie, in Australien gefiel es mir nicht», sagte der Mann in seiner ruhigen, beinahe widerstrebenden Art.

Der Stationsvorsteher beugte sich über den Tisch vor:

«In Australien sind Sie auch gewesen? Und warum hat es Ihnen nicht gefallen?»

«Mir taten die Daumen so weh», sagte der Mann.

«Die Daumen?»

«Ja, sehen Sie, ich habe mit der Rechten und mit der Linken geschnitten. Mir taten die Daumen weh von der Wollschere.»

Er blickte auf seine großen Hände.

«Deshalb war Australien nichts für mich», sagte er.

Der Stationsvorsteher suchte nach Worten.

«Wie sind Sie denn dazu gekommen, nach Australien zu fahren?»

«Ja, ich war in Kalifornien, und da ging ein Schiff, und ich fuhr mit. Sehn Sie, es gefiel mir nicht in Kalifornien. Das Essen war schon gut, aber die Stadt war zu unsicher.»

«Die Stadt war zu unsicher?»

«Ja, San Franzisko. Es gab ein Erdbeben, und die Stadt hielt das nicht aus.»

«Sie haben das Erdbeben in San Franzisko miterlebt?»

Es war die Frau des Stationsvorstehers, die endlich etwas fragte. Und sie wurde dabei ungewöhnlich eifrig, ihr Mann kannte sie nicht wieder.

«Dann kennen Sie vielleicht jemanden, der Emil Karlsson heißt?» sagte sie. «Das ist mein Bruder, er lebt jetzt in New York, aber er hat auch das Erdbeben in San Franzisko miterlebt.»

«Doch», sagte der Mann, «ich kannte da einen, der Karlsson hieß. Ich weiß nicht, was er machte. Aber er war ein langer Kerl, und vorn im Mund fehlten ihm zwei Zähne.»

Er dachte nach:

«Allerdings, der hieß wohl Nils Karlsson.»

Er dachte wieder nach.

«Oder war das in China?»

«China?»

Jetzt rückte der Stationsvorsteher seinen Stuhl näher heran.

«In China sind Sie auch gewesen?»

«Ja, kurze Zeit. Aber da schlugen sie sich fürchterlich und brachten die Weißen um. Boxer oder wie sie hießen. Deshalb gefiel es mir dort nicht. Die waren imstande, einen zu erschießen, auch wenn man ihnen nichts getan hatte.»

Er stand auf und verbeugte sich vor der Frau des Stationsvorstehers.

«Also, ich bedanke mich sehr für den Kaffee.»

«Aber hier geht jetzt mehrere Stunden lang kein Zug mehr», sagte sie.

«Ich fahre nicht mit dem Zug», sagte er. «Ich gehe die Strecke.»

Also doch ein Landstreicher, dachte sie, und es war ihrem Gesicht anzusehen.

Er zog den Düffelmantel über. Da sagte sie:

«Vielleicht möchten Sie ein paar Brote haben?»

Er überlegte: «Ja, aber dann mit Käse. Denn das Weihnachtsessen hängt mir schon zum Halse raus.»

Der Stationsvorsteher brachte ihn wieder hinunter.

Als sie auf den Bahnsteig kamen, konnte er es nicht lassen zu fragen:

«Aber wie kam es, daß Sie nach China fuhren?»

«Tja», sagte der Mann, «ich wollte sehen, wie es da ist. Und dann hing mir Indien zum Halse raus.»

«Indien?»

«Ja, das Essen. Das war sagenhaft schlecht. Sonst waren

sie da ja ganz nett und ordentlich. Aber es gefiel mir nicht.»

Nun wollte er gehen:

«Ja, also vielen Dank», sagte er wieder.

Der Stationsvorsteher faßte ihn am Arm:

«Aber, um Himmels willen, warum sind Sie denn nach Indien gefahren?»

Der Mann zog die rechte Hand aus dem Finnenhandschuh, strich seinen dünnen Schnurrbart nach oben und überlegte. Nachdem er einen Augenblick grübelnd dagestanden hatte – sagte er:

«Ja, das weiß ich wahrhaftig nicht mehr. Das hatte wohl keinen Grund. Aber ich kam mit einem Boot aus Yokohama. Sehen Sie, ich war in Yokohama hängengeblieben. Warum, weiß ich nicht mehr.»

Er blickte auf seine Schuhe hinunter.

«Diese Lappenschuhe sollen so gut sein», sagte er. «Sie sind ja auch warm, wenn sie mit Heu gefüllt sind. Aber die Füße kommen einem darin so unbeweglich vor.»

Dann ging er. Der Stationsvorsteher blieb auf der Bahnstrecke zurück. Er hatte eine seltsame Idee: man sollte das nördliche Signal hochziehen. Sollte, sollte.

Aber das mit dem Signal würde er bleiben lassen. Man war ja normal.

Er saß drinnen in der Expedition und betrachtete die Stempel.

Das Thermometer war auf achtundzwanzig Grad gesunken. Der Stationsvorsteher wartete auf den nächsten Zug.

Es waren noch beinahe zwei Stunden bis dahin.

Quellennachweis

An dieser Stelle danken wir den nachstehenden Rechtsinhabern, die uns freundlicherweise den Nachdruck folgender Beiträge gestatteten: Fischer Verlag, Frankfurt: *Eyvind Johnson · Ein Wintertag*; Herbig Verlagsbuchhandlung, München: *Jo Hanns Rösler · Die Dame aus der Morgenzeitung* (aus: «Dachbodengeschichten»); Katzmann Verlag, Tübingen: *Wallace Stegner · Abschied von der Jugend* (aus: «Erzählungen»); Kiepenheuer und Witsch Verlag, Köln: *Katherine Mansfield · Das Luftbad* (aus: «Sämtliche Erzählungen, Bd. 1», 1980); Klett-Cotta Verlag, Stuttgart: *Doris Lessing · Lucy Grange*; Scherz Verlag, Bern und München: *André Barbault · Zauberformel Liebe, Beruf als echte Berufung* und *Das liebe Geld* (aus: «Charakter und Schicksal des Menschen im Tierkreis»), *Carole Golder · Traumpartner der Liebe* (aus: «Die Kunst, ein Sternzeichen zu verführen»), *Linda Goodman · Sein Geheimnis in der Liebe* (aus: «Sternzeichen der Liebe»), *Der Chef mit dem eingeschworenen Team* und *Zielstrebig und erfinderisch ist der Skorpion-Angestellte* (aus: «Astrologie – sonnenklar»), *Liz Greene · Ergründer der Wahrheit* und *Die dunklen Seiten* (aus: «Sag mir dein Sternzeichen, und ich sage dir, wie du liebst»), *Carola Martine · Sinnlichkeit im*

Zeichen des Skorpions und *So fängt man's an* (aus: «Die Sinnlichkeit der Sternzeichen») und *Joseph Polansky · Kleines Psychogramm* (aus: «Glückszeichen der Sterne»).

In jenen Fällen, in denen es nicht möglich war, den Rechtsinhaber resp. Rechtsnachfolger zu eruieren, konnte ausnahmsweise keine Nachdruckerlaubnis eingeholt werden. Honoraransprüche der Autoren oder ihrer Erben bleiben gewahrt.